子育ては
生涯学習の原点
―親キャリアをアップする支援―

中野由美子 著

大学教育出版

はじめに

子育ては生涯学習の原点

　子育てについての学びは、個人が生涯の生活の中で、真似して学び、試してやり直しながらいい加減の関わりを体得し、形成した育ちの真髄を次世代に引き継いでいく生涯学習の原点といえる創造的過程ではなかろうか。

　少子化したこの30年、子育て環境は激変し、家庭内での保育体験は激減し、家庭の教育力の衰退や子どもの育ちに危機感をもつ人も多くなった。乳幼児との接触・世話体験が少ない環境の中で育った若い親たちは、幼い子どもの育つ原理や接し方を知らないまま親になる。初めてわが子を抱く日々に一人で直面し、手探りで親として育っていきながら、親子のボタンを掛け合わせる努力を懸命にしている。一方では、習い事や塾などでは早期からの保育や教育の効果が叫ばれ、園では乳幼児期からの認知・非認知能力の開発が急がれ、よりよい養育環境づくりや保護者への教育介入が早まっている。

親子がセットで学べる場の必要性

　家庭や親族だけでの子育てには限界があり、社会的支援が求められる時代になってきた。子育て支援、家庭教育、家庭支援はそれぞれニュアンスがやや異なるが、子育て支援がどんなに進んでも、第一次的な子育て環境を整える親や家庭教育の役割はなくならないだろう。したがって、子どもの成長とともに子育てについての親の学びは不可欠である。これほど多くの学びの場があっても、子どもの成長とともに変化する親の役割や子育て方法、親子関係の成り立ちなどについて気軽に学べる場はほとんどない。最近ではやっと、保育・教育施設に家庭支援活動が義務付けられ、NPOをはじめとする地域支援の場が家庭や親子の問題発生を予防し、その解決を図るために不可欠な機関になりつつある。

　子育て学習が最も必要なのは、家庭保育が中心の3歳未満児の親、なかでも子どもに接した体験の少ない親、そして情報ツールによるコミュニケーション

が格段に増えた若い世代の親である。H教育振興財団では、国の子育て支援が始まる10年以上も前から、親子がセットで保育の場に参加し、親たちとスタッフが子どもの育ちや家庭の子育てについて話し合って学び、その結果を保育実践と子育て研究に役立てるための親子教室を実施してきた。40年に及んだその活動は、公的な子育て支援の拡大とともに残念ながら2015年に終了することになった。

　日本の子育て環境は、H財団の親子教室がスタートした1978年頃から徐々に変化してきたが、少子化が社会問題となった1990年代からの変化、とくにこの20年間の変化はすさまじい。「保育園落ちた　日本死ね！！」に象徴される待機児童問題や就労と子育ての両立、虐待やネグレクトに代表されるマルトリートメント（不適切な養育）、イクメン・カジメンという言葉が飛び交う父親の子育て参加の動向などの大人の変化に輪をかけて、子育て環境の変化によって依存と自立・育ちの貧困などの子どもの発達の問題が大きくなってきている。なかでも、年齢に応じた子どもの育ちと親のライフスタイル選択、子育てと仕事のバランスのとり方は、これからの親子にとっての重要な課題になると思われる。

保育実践と研究の蓄積を家庭支援に活かす

　書名を「子育ては生涯学習の原点 ── 親キャリアをアップする支援」としたのは、H教育振興財団の親子教室で、40年の保育と親教育の実践・研究活動に関わった経験から得た知見を、これからの親の学習や家庭支援に活かしてほしいと願うからである。机上の研究とは異なり、日々親子と家族ぐるみで時空を共にし、その子育てに参与する機会をいただいた経験から、人生早期の0〜4歳児とその両親との共同作業の中から生まれた実践と研究の事例やデータからの生きた知見は、必ず日々の子育て学習に役立つと信じている。

　乳幼児は一生懸命に自己表現をしながらその生命を生きており、その動きや表情、視線や声の調子によるコミュニケーションで、小さいけれども一人の人間としてさまざまな情報を発してくれた。家族や家庭、子育て環境の変化にとまどい、ワンオペ育児に迷い悩みながらも懸命に子育てに取り組む子育て中の

母親たちとは泣き笑いを共にしながら、生涯発達から見た子育ての意味について考える時空を共有した。父親モデルのない時代に育った働き盛りの父親たちは、子育て負担感と達成感を交錯させつつ、多忙な中でも子育てに取り組み、家族や子どもの将来像を描いていくようであった。

約40年に親子セットで参加し学び合った約1万組の家族には、週1回、1年間の教室参加の中で多くの実践や研究にご協力いただいた。親子遊び調査のための5分間ビデオ収録、毎回の教室参加時の母子分離観察調査、子どもの発達調査や子育てに関する質問紙や面接調査、早期教育やメディアが子どもの発達におよぼす実態調査など、多くの調査研究に記名入りで協力していただいた。さらには、修了後の幼稚園適応調査や14年後の思春期、26年後のプレ成人期の追跡調査など、長期間のご協力をいただくことになった。

親子参加の保育実践と親子から得られた貴重なデータを丁寧に分析し、その成果を今後の家庭支援や家庭教育に活かしていただくことが最大のご恩返しと思い、一般化したエビデンスとして記述しておきたいと考えたのが出版の意図である。参加された親子の方々、親子教室を長年支えてくださったH教育振興財団の方々、ともに働いた同僚の皆さん、さまざまな支援をしてくださった研究者の皆様に感謝申し上げたい。

本書の構成

本書では、筆者が主として担当した保育実践と子育て研究・データ分析との循環から学んだ知見を易しく紹介することに努めている。記述に際しては、研究論文としてよりも、親のキャリアアップをめざしている親自身と子育てや家庭支援活動に取り組んでいる皆さんに役立つよう、細かい数値を省略して簡潔に結果だけを表示するよう努めた。本書の構成は以下のとおりである。

第1章では、40年間に保育・教育実践の場に参加した親子・家族の成長を通して、大勢の子どもの中でわが子の個性を発見し、両親の存在の影響に気づき、生涯にわたる家族・親子関係について親として学ぶ意味を考える。

第2章では、就学後の学びの土台となる非認知能力開発への関心が保育場面で高まる昨今、早期の文字獲得方法が幼児期の発達に与える影響調査から、早

期から教え込むパターン教育の効果と問題点に言及する。

　第3章では、幼児期・思春期・プレ成人期の30年間にわたる自己像の発達の連続性と変化に関する縦断調査から、幼児期の非認知能力の発達とその後の自己像形成との関連、ならびに各時期の発達に及ぼす要因について紹介する。

　第4章では、初めの3年間の子どもの発達に与える父親参加の効果について、とかく薄いといわれる父親存在が家族関係形成に与えている見えない事実を、データによって明らかにする。

　第5章では、幼稚園児の母親の過去の乳幼児との接触・保育体験の量と質が、日々の子育てに与えている影響をデータで示し、さらに親予備軍である十代女子学生と男女中学生の保育実習体験効果を通して、次世代の親準備性育成の方法について考える。

　第6章では、乳幼児の母親と子育て支援者間の子育て支援に対するギャップ調査から、両者の共通ニーズに注目し、土台となる人生早期の保育がもつ意味と親キャリアをアップする学びについて述べた。そこから、親の自己実現と幼い子どもが安定した集団参加を経験できるような親子関係の調整を提案した。

　第7章では、親を子育ての主体として巻き込んで育てる子育て先進国の考え方や支援法を学び、親子の生涯発達の観点と次世代育成を視野に入れて、保育の場を媒介にした育てる者の養育力・主体性を培う支援を提案する。

　年代がやや古くなった調査もあるが、子育ての現代的課題とリンクさせて言及するように努めて執筆した。ご批判とともに、家庭の子育てや保育現場での支援の手がかりにしていただければ、ありがたいと思っている。

中野　由美子

子育ては生涯学習の原点
― 親キャリアをアップする支援 ―

目　次

はじめに …………………………………………………………………… i

第1章　子育て支援と家庭教育 ……………………………………… 1
第1節　家庭教育支援から子育て支援へ　*1*
家庭教育支援の時代　1960年～1990年ころ／子育て支援の時代　1990年～2005年ころ／家庭支援の時代へ　2005年以降／子育て支援の拡大と家庭教育の強調
第2節　家庭教育・家庭支援の実践例 ── 親子同時参加教室40年の取り組み ──　*5*
親子同時参加教室の学び／両親教室の体験的学びのプログラム／親子同時支援のプロセスと効果／親子同時支援者の役割

第2章　遊びから学びへの発達 ── 乳幼児期教育を考える ── ……… 11
第1節　識字認知と幼児期発達のバランス　*11*
識字認知法と幼児の発達の姿／文字との2つの出会い方 ──「体験型」と「パターン型」／「体験型」の幼児の特徴／「パターン型」認知法／「パターン型」の幼児の特徴／「パターン型」の親の特徴
第2節　「パターン型」と「体験型」の発達を比較する　*17*
「体験型」と「パターン型」の発達プロフィールの違い／「体験型」と「パターン型」の幼稚園生活／先取り不安が高い「パターン型」の親たち
第3節　遊びから学びへの育ちの接続　*22*
幼児期の終わりまでに育ってほしい発達の姿とは／期待される遊びと学びをつなぐ保育／遊びと学び、学習の接続
第4節　育ちの接続への園・学校・教師と家庭・親の連携　*26*
遊び、遊びこむことから自己学習へ／育ちの接続への園・学校・教師の役割

第3章　幼児期・思春期・プレ成人期の連続性と変化 ……………… 31
第1節　非認知能力への関心　*31*
幼児期の「非認知能力」への高まる関心／非認知能力とはなにか
第2節　幼児期・思春期・プレ成人期の追跡調査にみる自己像の発達　*35*

（1）縦断調査研究の目的と方法　*35*
　　　　調査手続きと使用尺度／幼児期発達の指標 ― 母子分離4型／思春期・プレ成人期発達の指標 ― 自己像コンピテンス評定
　　（2）幼児期と思春期の発達に関連はあるか　*39*
　　（3）幼児期とプレ成人期の発達に関連はあるか　*41*
　　（4）思春期とプレ成人期間の発達速度の違い　*42*
　　（5）思春期・プレ成人期の「認知能力」に差はあるか　*43*
　第3節　ケース分析 ― 幼児期・思春期・プレ成人期の発達の特徴　*43*
　　（1）3歳〜30歳ころまでの5時期の発達像　*43*
　第4節　幼児期・思春期・プレ成人期の連続性と変化　*50*
　　　　幼児期とその後の発達との連続性／各発達段階の自己像に影響する主要因／幼児期の母子分離型は、環境適応力の個人差

第4章　初めの3年間の子どもの発達と父子関係　……………………………… *55*

　第1節　父親参加が3歳児の発達に与える影響　*55*
　　　　幼児の発達への父親の影響を確かめる／3歳児の発達評定と父親調査の内容／発達の早い3歳児と遅い3歳児の父子関係／3歳児の発達と父子関わりとの関連／3歳児の発達と父親意識・父親の生活実態
　第2節　母子の距離を調節する父親役割　*60*
　　　　母子分離の4段階／母子分離度に影響する父子関わり／母子分離度に影響する父親意識
　第3節　就寝形態（寝方）からみた父親の存在　*63*
　　（1）就寝形態は家族関係を可視化するものさし　*63*
　　　　就寝形態は父親の位置で決まる？／家族の寝方は幼児の発達に影響する？／就寝形態（寝方）の分類法／寝方4類型と家族関係・家庭の雰囲気
　　（2）データにみる就寝形態と家族関係　*66*
　　　　就寝形態と家族の属性／就寝形態と父子関係／就寝形態と夫婦関係／就寝形態と母子関係
　　（3）就寝形態と幼児の発達　*69*

寝方と幼児の発達イメージ／データに見る寝方と幼児の発達／母子間の心身の距離と幼児の発達／幼児の発達には父子別室寝より同室寝がよい

  （4）家族関係を可視化する就寝形態　*75*

第5章　乳幼児接触・保育体験の子育てへの影響 …………………… *79*

 子どもが忌避される時代

 第1節　幼稚園児の母親の接触・保育体験と子育て　*80*

親になる前後の接触体験／親になってからの子育て観／過去の接触体験と現在の子育て観との関連／豊富な接触体験は「子ども中心子育て」につながる／接触体験不足は「親中心の子育て」につながりやすい

 第2節　十代女子の保育体験と幼児イメージの変化　*84*

接触体験と幼児イメージ／接触体験が幼児イメージに与える影響／保育実習体験による幼児イメージの変化／次世代の養育力を育てる保育実習体験とは

 第3節　男女中学生の幼児イメージ形成と保育実習体験の効果　*89*

  （1）中学生の生育体験と子ども観　*89*

男女中学生の生育体験の性差／保育実習以前の中学生の子どもへの関心／男女中学生の生活と幼児イメージの形成

  （2）保育実習体験の効果と影響要因　*92*

保育実習は否定的イメージを減少させる／男女中学生の否定的イメージ変化に与える要因／男子中学生の育児観に影響する家庭の性別役割観／女子中学生には子育て負担感を先取りさせない体験が必要

第6章　子育ては生涯学習の原点 ― 生命をみつめ、関係を紡ぎ、次世代につなぐ学び ― ……………………………………………… *98*

 第1節　親と支援者の子育て支援観のギャップ　*98*

  （1）余裕がほしい親と養育力向上を求める支援者　*98*

親と支援者のギャップは埋まったか／育児期にほしい支援は同じ

  （2）親と支援者の子育て行動・意識を比較する　*101*

親の意識・行動の背景にあるもの／母親の行動・意識は年齢・仕事の有無・子ども数で異なる／支援者の年齢によって母親評価は異なる

第2節　子育てと仕事志向の葛藤　*108*

（1）葛藤する子育てと仕事の両立　*108*

　　感情労働化する子育て／ライフスタイルの多様化と親子の生活リズムのズレ

（2）異文化としての乳児期の子育て　*112*

　　乳児が育つプログラムの特殊性／発達の土台となる3つの発達課題／子育てと仕事の調整感覚を養う

（3）子どもの育て直しと親性を引き出す支援　*116*

　　乳幼児期の育ちと育て直し／親性を引き出す家庭支援

第3節　親キャリアをアップするための学び　*119*

（1）子育て科学に学ぶ　*120*

　　わが子の個性に気づく——行動遺伝学に学ぶ／親子の関係性に気づく——気質理論に学ぶ／世代間伝達から生まれる親の個性

第7章　親キャリアをアップする支援　………………………………… *125*

第1節　親を主人公にした支援づくり　*125*

（1）子育て先進国の支援に学ぶ　*125*

（2）体験的学びによる養育力向上支援の必要性　*127*

　　子育て当事者性を尊重した支援づくり／子育て支援拠点事業・ひろばによる親子支援／保育・教育施設と専門機関による家庭支援

（3）親の子育て協働者としての支援者づくり　*130*

第2節　子育て支援理論に学ぶ　*133*

（1）予防教育としての心理教育の活用　*133*

（2）集団参加・集団学習（グループワーク）の効果　*134*

（3）エンパワメント理論に基づく家庭支援　*135*

第3節　親キャリアをアップする支援　*137*

　　予防的支援と次世代育成支援／保育の社会化と家庭支援／専門家による教育支援

おわりに …………………………………………………………………… *141*

第1章

子育て支援と家庭教育

　本章では、子育てをめぐる社会環境の変化、ならびに国や社会から家庭への支援の変化について概観する。家庭の養育力向上に始まった家庭教育支援は子育ての社会化とともに縮小していき、とくに成長の土台である3歳未満児の家庭保育への質的支援が疎かになっている。

　養育環境としての家族・家庭、地域の構造変化と機能の多様化は、親準備体験が困難な環境で育つ親と、共に育つ環境を奪われつつある子どもを生み出している。子育て体験の乏しい親に、乳幼児期の健全な育ちと親子関係の安定へとつながる養育力育成を支援する方法の一つとして、親子同時参加教室の40年間の実践を紹介し、その効果について検証する。

第1節　家庭教育支援から子育て支援へ

家庭教育支援の時代　1960年～1990年ころ

　子育ては長年、親だけではなく親族や地域社会の互助的絆に支えられてきた。戦後の高度成長期は、急激な都市化と物質的な豊かさを家庭生活にもたらす一方、地域の人間関係は希薄になり、親役割と子どもの健全育成、児童福祉に新たな課題を生んだ。

　豊かさを求めて二人きょうだいが主流になり、父親不在と母子だけの孤立した家庭が日常化した。この時期に一般化した性別役割分業意識は、母親の家庭責任を強調する「母原病」なる言葉を流行させ、三歳児神話や母親神話が母親の子育て負担感や育児不安を増大させた。

1960年代には、父親不在と社会的孤立家庭で生きる母子の発達や自立を阻害する養育環境改善のために、子育て環境としての家庭のあり方や親役割の学習機会を提供する事業が始まった。1964年から国の補助事業として各自治体で「家庭教育学級」が実施され、その中心は親の家庭教育支援事業と親子の自主保育グループ形成、その助成であった。その後1990年代の少子化対策普及とともに、2003年以降は市町村委託事業に切り替わった。

　H教育振興財団の家庭教育振興事業である家庭教育研究所は、T大学が中心となって運営を支援する企業の社会貢献の一つとして1978年に始まった。「子育ては親教育から」を理念に、2か所の施設で約40年間に1万組を超える家族が参加し、当初の修了生は40代の親世代になっている[1]。

　この時期の母親の学習テーマは、母子密着や子育て不安への対応、社会性を育む親子の仲間関係づくり、愛着と自立のバランスのとれた親子関係づくり、子どもに付加価値をつけるための早期教育やおけいこの是非などであった。今では一般的に使われている「子育て不安」という用語は、当研究所の調査研究で使用され始めた[2]。

　父親には、子どもの発達への父親の影響と父親にとっての子育ての意味など、モデル不在の時代に育った父親への役割学習機会の提供であった。母親の子育て負担感・育児不安などの心身のストレスを解消し、家庭の孤立を予防して母子双方の自立を促進するために、父親を含めた家族や親子関係を調整するための学習機会の提供が必要な時代であった[3]。

子育て支援の時代　1990年～2005年ころ

　バブル期を経て少子化が社会問題になった1990年代に入ると、少子化対策としての社会的支援の制度化が進んだ。共働き家庭の両立支援に始まり、2000年以降は在宅の親を含めた地域子育て支援へと広がり、現在に至っている。

　2000年代に入ると非正規労働の拡大によって、仕事と家庭の両立が不可避になり若い親世代の子育て環境は激変した。パートを中心に、1歳児の約30％、2歳児の37％が保育所に在籍し、なお待機児の80％を占めている。それに応じて保育所の役割も変化する。2008年の保育所保育指針では、子育て

の一義的責任は家庭にあるが、保育者は家庭支援者として法的に位置づけられた。少子化と家庭の教育力低下が問われる今、親子の信頼関係形成、生活習慣のしつけに代表される生きる力の育成は、親と保育者の協働作業となった。

1980年前後に二人きょうだいで育った親たちは、家庭や地域での自然な育児伝承が途切れ、育児体験や技能などの親準備性を身につける環境に恵まれなかった。父親不在時代の父親と同様、親準備体験が未熟な母親世代が現れ、とくに前言語期の3歳未満児の子育ての危うさが指摘され始めた。

育児体験の乏しい親は、無意識のうちに親の一方的な欲求やペースを優先させ、子どもの発達過程や自立を乱しやすい。身近な大人の適切な対応が欠かせない心の絆の形成や生活習慣の獲得が年齢相応に発達していない子どもが増え、思いどおりに育たない焦りや不安感から、自信を失う親や不安定な親子関係が増加した。子育てに効力感や楽しさを感じられない親たちは、子育てを専門家や保育施設に預けることを求め、早まった集団参加の場では気になる子が注目され始めた[4]。

家庭支援の時代へ　2005年以降

家庭教育は、子どもの健全育成をめざしてその生育環境整備や親の学習支援を目的にした、個人的責任が問われる私事性の高い自助領域に重点があった。一方、子育て支援は、家庭だけでは充足されない養育の社会化を目的とし、保育施設による親の労働支援と保育手当などの物理的支援による子育て負担の軽減支援として定着しつつあり、公的責任が問われる公共性の高い公助の領域である。

子育ての社会的支援が一般化するにつれ、2000年代に入ると、家庭教育という私助と子育て支援という公助の間をつなぐ共助の領域として、家庭支援が社会的認知を得てきた。2001年の児童福祉法改訂によって、保育士は保育と保護者への保育指導を行う専門職として位置づけられ、2008年の児童福祉法改定では「地域の子育て家庭に情報提供、育児相談及び助言を行うよう努める」ことになり、同時に保育所保育指針改訂により、「保育所は入所児の保育とともに、家庭や地域の社会的資源との連携を図りながら入所児の保護者に対

する支援及び地域の子育て家庭に対する支援をおこなう役割を負う」(第1章総則2-3)とされ、保育所による家庭支援役割が告示化された。幼稚園でも幼稚園教育要領改訂により、情報・相談・交流などによる家庭や地域との連携が強調され、地域における幼児期の教育センターとしての役割が定着した。

家庭支援とは、法律や組織などの子育ての基盤整備づくりをする公的支援(公助)と、親としての役割や子育て方法について学ぶ教親育などの私的支援(自助)とをつなぐ、ネットワーク支援(共助)であるといわれる。それは、家庭や親の問題解決のための地域の社会的資源へのアクセスと、不足資源の開発や創造、支援者を育てる地域の住民活動でもある。家庭のニーズ解決を助け、親自身の養育力を高め、子どもの質的成長を支援するとともに、地域の子育て機能を向上させ、次世代の養育力を育てていく活動である。

子育て支援の拡大と家庭教育の強調

社会的支援の拡大によって私事的な家庭教育への関心が薄れがちになると、逆に家庭教育支援に関する運動や法制化も動きだす。2006年には教育基本法に、「保護者は子の教育に第一義的な責任を持ち、生活習慣や自立心を養い、心身の調和のとれた発達を図ること」ならびに「国や地方公共団体は家庭教育の自主性を尊重しつつ、保護者に対する学習機会の提供などの施策に努める」とする10条が追加された。

さらに2011年より家庭教育支援活動における支援に関する検討委員会が設けられ、近々「家庭教育支援法」(仮称)が上程されようとしている。家庭教育支援に関する「国・地方公共団体・学校または保育所設置者の責務」とともに、「家族数の減少や家族が共に過ごす時間の減少、地域と家族の関係の希薄さなど家庭環境の変化に対応するために家庭支援の必要性があること」「家庭教育は保護者の第一義的責任であり、生活習慣や自立心を養い、心身の調和のとれた子どもの発達を図ること」「地域住民等の役割」など、次世代を育てる国民の責務や役割が記されている[5]。

子育て支援の広がりとともに家庭教育に関する法制化が進む現実は、教育や保育、家庭という領域は、私事性と公的性が交錯する領域であること、生涯に

わたる親子の発達支援と次世代育成力育成につなげる視点から、とくに人生の土台である乳幼児期の保育・教育のあり方が問われる時期に来ていることを示している。

第2節　家庭教育・家庭支援の実践例
― 親子同時参加教室40年の取り組み ―

こうした観点から、親子への子育て支援実践例としてH教育振興財団40年の取り組みを紹介し、家庭教育と子育て支援との関連を考えてみたい。

親子同時参加教室の学び

多くの学びの場がある今日でも、子どもの成長に合わせて親が学ぶことができる施設は皆無といってよいのではないだろうか。H教育振興財団の家庭教育支援は、大手企業と大学のコラボレーションによって、国の子育て支援事業開始の10年以上前に始まった。H教育振興財団の家庭教育支援の基本は、両親のエンパワメントと子どもの発達支援である。「親子同時支援」によって、子

図表1-1　参加母親の感想の4因子

① 居心地の良さと気持ちのゆとり
　・親子が一緒で居心地がよかった
　・母親同士で語りあうことで気持ちが楽になったから

② 信頼できるスタッフの親子への細やかなサポート
　・親子双方にケア（親子同時支援）を受けられること

③ 子どもに仲間体験　・親子の生活体験の広がりと保育の学び
　・同年齢集団の中で遊ぶ子どもを見て、発達や個性が分かったこと
　・親子遊びのプログラムや親子参加の行事に満足した

④ 親自身の楽しみと成長　・親としての自信
　・親が楽しかったし、親の息抜きになったから
　・子どもと一緒に過し、一緒に遊ぶことが楽しくなった
　・親として自信が持てるようになった気がする

育ての第一責任者たる親に体験的学びの機会を提供することによって、不足している親の養育力を培い、子育てに自信をもち親子関係づくりを楽しめる支援をめざしてきた。各人のニーズに合わせた知識やスキルの体験学習機会とともに、親の関わりや生活環境が子どもの発達に及ぼす効果を実感できる保育体験学習を提供する場でもある。

参加した母親たちへのアンケート調査によると、心地良い居場所、信頼できるスタッフによる親子同時支援、保育の場に参加する学びのプログラムの効果への満足度は大きい。その結果、親がリフレッシュして大勢の親子と共に過ごす時間を楽しみ、親としての自信がついたと答えている（図表1-1）[6]。

親は、親子同時支援によって家族・親子の関係を確かなものにし、子育てを生涯学習の視野でとらえる親に成長していく姿を相互に感じあうことができる。子育てに自己効力感を得た親たちの中には、保育士資格を取って地域や次世代の子育て支援者に育っていく人も多い（図表1-2）。

参加した幼児は、家庭や地域以外の場に生活体験を広げ、身体感覚を磨いて粗大運動や微細運動、供応動作を身につけ、心身の解放感と意欲を培い、生活の自立能力を高めていく。自分の欲求や思いが受けとめられ援助される経験が

図表1-2　親と子どもの成長

（親）親の成長・発達	（子）子どもの成長
●「親が育つこと」「親の自尊心が高まること」 　子どもを理解する力　→ スムーズな親子関係 　　→ 親としての養育力　→ 効力感・自信 　　→ 子育てを楽しむ力　→ 子どもの利益	遊ぶ力の発達 体を使った活動 意欲 情緒・心の安定
●「家族・親子関係が確かなものとなること」 　　→ 安定した親子・家族関係づくり 　　→ 父親・母親の役割自覚と連携 　　→ 安定した夫婦関係　→ 子どもの利益	自己表現力 人間関係力 言語・認知力
●子育てを「生涯学習の視野」で考えること 　子育て期は地域・社会活動への通過点 　　→ 地域の支援者に育つ親 　　（地域の育児力育てと次世代に繋ぐ場） 　　→ 再就職する親・子育てと仕事の両立	生活の自立へ 仲間関係の広がり 　↓↓ 意欲・効力感　→ 自信 「子どもの自己が育つこと」

情緒表現と他者への共感を生み、親や大人への信頼感とともに自己効力感や言葉による自己表現力の豊かさにつながる。それが友達関係へと広がり、互いに仲間との生活を確かめ合いながら自己表現と自己抑制の社会的スキルを学び、自ら自己を育てていく存在に成長していく（図表1-2）。

両親教室の体験的学びのプログラム

両親教室の体験的学びのプログラムは、保育の場に参加しつつ子どもの理解を深め、親同士が身近な体験を材料に話し合う中で、親子の関わり方や養育態度、価値観への気づきを深めていくよう構成されている。子どもの成長を見通した生涯学習の機会になるよう、親のニーズに合わせて随時変更を図る（図表1-3）。

両親教室の内容は以下であり、親子支援の現場から得られた知見はさまざまな社会貢献活動の場で発信され、活用されることをめざしている[7]。

① 親子の交流・相互学習・親学習の場
②③④ 親子同時参加による体験的学びの場

図表1-3 両親教室・体験的な学び

両親教室のプログラム	
①親同士・ピアグループ出会い ・出会いと交流の場 ・親子関係を互いに知りあう場 ・親同士のピアサポートの場 ②親子教室参加の体験学習 ・子どもの遊び・集団参加・親離れ ・子どもの遊び・個性の観察 ・しつけ・生活習慣 ・父親・ファミリー参加日 ・父親教室と懇談会 ③体験的学びのプログラム ・親子遊びのDVD（親子関係） ・親子の会話を演じてみる ・父母の子育てに関する調査 ・養育態度としつけ調査	④親学習プログラムの利用 ・0～2歳児のこころと身体の発達理解 ・生活環境と発達・個性 ・親役割についての学習 ・親子・家族関係についての学び ・生涯教育の学び 　（乳幼児から思春期を見通して） ⑤親のグループ活動・親の参加 ・保育者になる・親子パーティー企画・運営 ・保育活動の補助・会報誌の編集・友の会 ⑥先輩親・専門家との交流 ・先輩親たちの子育てから学ぶ ⑦個別相談支援・専門機関との連携 ・子どもの発達支援・親子関係支援

⑤⑥　親のグループ活動を育て、地域の養育力を育み、次世代に繋ぐ場
⑦　保育をとおして子どもの発達支援と親子関係支援を行う場

親子同時支援のプロセスと効果

　0～2歳児の時期の親子には、一緒に参加し共に学ぶ体験的学びの場が身近にあることが望まれる。大勢の中でわが子の姿を見る機会は客観的なわが子の理解を深め、子育てスキルを学び伝えあう親仲間を作り、親自身の養育力向上と子育て自信につながっていく。早期に親子で学びを共有する体験が親子を育て、孤立と不安感を軽減する効果がある（図表1-4）。

　体験的学びのプロセスは、親役割の代替でも指導や助言だけでもない。参加者が相互に体験を突き合せて比較、検討しながら現状に気づき、他の親やスタッフの支援を得て新しいやり方を手に入れ、学びを深めていく自己学習過程である。そこでは、親が周りの親子の観察や比較を通して自身の問題に気づき、試行錯誤の中でさらに新しい気づきや関わりを実行することから、親子関係が変化し子どもの育ちを変えていく。その手ごたえこそが親の効力感を高め、自己学習を深める姿勢につながっていく（図表1-5）[8]。

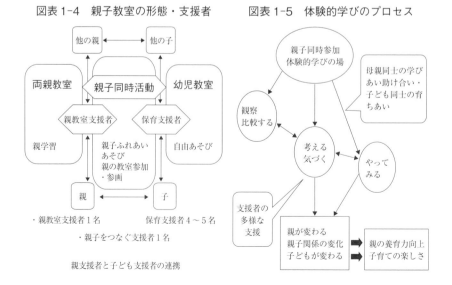

親子同時支援者の役割

　特別な支援が必要と思われる親子への支援も、親子同時の保育場面で行われることに意味がある。スタッフが気になる行動を共有しながら親子に個別に対応することが、専門機関と連携した早期の対処につながる[9]。

　親子同時支援の場では、保育者とファシリテーター（両親教室支援者）との意思疎通が重要であるが、共同支援の効果は極めて大きい。両者の共通支援役割は、①共感的支援役割（親子が安心して自分をさらけ出せる場の設定と共感的関わり）と②つなぐ役割（大勢の親子の関係をつなぐ関わり）である。保育者の役割としては③保育発達支援（遊びを通しての子ども発達支援）であり、ファシリテーターとしては④親のニーズに合わせた体験的学びのプログラム作りとその実施、⑤親子関係の調整支援である（図1-6）。

　しかし、親子を同時に支援する人はスタッフだけではない。参加する親も互に学び合い支えあい、保育に参加しながら養育力向上をめざし、子育て支援者にふさわしい支援力を身につけ、教室修了後にはＰＴＡや地域の子育てグループの支援者に育っていくことも珍しくない[10]。

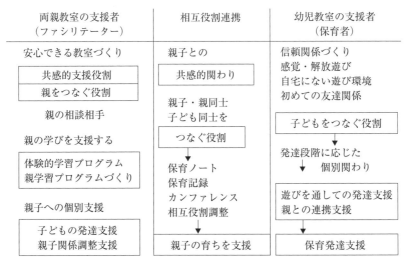

図表1-6　支援者の役割（居場所づくり＋つなぐ人＋学びを支援する人）

● 第 1 章のまとめ

　子育ては普通の労働と異なり、資格もキャリアアップの研修もなく、休日や労働時間の制限も報酬もなく働き続ける労働である。しかも、質量ともに最初の 2 年間が最も重く、子どもの成長とともに仕事量が軽減していく特殊な労働といえる。妊産婦死亡原因の第 1 が自殺であるという現実を知るとき、ワンオペでは対応できない子育てという仕事には、親子同時参加の場を身近に作り、親キャリアを高めるための社会的支援が不可欠である。

参考文献

1) 中野由美子・土谷みち子編著　1999『21世紀の親子支援 ― 保育者へのメッセージ』ブレーン出版
2) 牧野カツコ　1982「乳幼児をもつ母親の生活と〈育児不安〉」家庭教育研究所紀要3
3) 牧野カツコ・中野由美子・柏木恵子　1996『子どもの発達と父親の役割』ミネルヴァ書房
4) 中野由美子　2004「親子の関係性の変貌と子育て支援の方向性」家庭教育研究所紀要24
5) 木村涼子　2017『家庭教育はだれのもの？ ― 家庭教育支援法はなぜ問題か』岩波ブックレット No.965
6) 武田洋子　2012「親を対象とした教室プログラム紹介」駒井メモリアルシンポジウム
7) 加藤邦子・飯長喜一郎　2006『子育て世代応援します！ ― 保育と幼児教育の場で取り組む"親支援"プログラム』ぎょうせい
8) 金丸智美　2012「2歳児の〈自己〉を育む親子教室活動」駒井メモリアルシンポジウム
9) 土谷みち子　2010「日常生活場面における育児・保育支援」臨床発達心理学の実践研究ハンドブック　金子書房
10) 日立家庭教育研究所　2009『親と子が育ちあう「今」― 30年を迎えた家庭教育研究所の実践活動から』（公財）日立教育振興財団

第2章

遊びから学びへの発達
── 乳幼児期教育を考える ──

　少子化が始まった1990年代は早期教育のブームであった。3歳児教室には文字をすでに読む子もいたが、その中に保育や遊びの中で特異な行動が気になる子が含まれていた。人生の早期から知識を教え込む教育方法が幼児の発達にどんな影響を与えるのか、実証データが求められていると感じた[1]。

　そこで、識字認知のしかたと継続的に観察される幼児の発達の姿との関連を調べることになった。母親のインタビューから得た幼児の文字習得の時期や方法と幼児教室での発達観察データの関連を分析し、早期から教え込む教育の効果と問題点を考えてみたい。

第1節　識字認知と幼児期発達のバランス

識字認知法と幼児の発達の姿

　今日ではメディア環境も多様化しており、文字や数字、アルファベットへの関心はより早期化している。2013年調査によると、「かな文字を読める」割合は、年少男児で59％、女児で70％であった。通信教材や知的な習い事の増加などによって、就学前にひらがなの読みを達成している年長男子は92％、女児は98％であるという[2]。

　本章の第1調査は、1990年に親子教室に参加した200組の3歳児とその親を対象にしている。ひらがな「46文字以上を読める子」は18％、「20文字程度読める子」は15％、「3文字以下」は26％、「まったく読めない子」は41％であった。数字の読みに関しては、「30くらい」が18％、「10くらい」が

29%、「1～2くらい」が27%、「まったくない」が26%であった。

　識字度が高い子どもは、外遊びとテレビ視聴が短く、学習塾や知的な習い事が多かった。また、テープ所持数が多く、絵本の読み聞かせが多かった。識字度が高い子どもの母親は数を教えることも多く、男児よりも女児に教えようとしており、文字習得時期は男児より女児が早く、男女間で有意差があった。

　第2調査は、上記の200組のうち、親への面接・質問紙調査によって、識字度高群（ひらがなが全部読める）14人（男3人，女11人）、中群（20文字程度読める）11人（男7人，女4人）、低群（ほとんど読めない）14人（男9人，女5人）の3群を選び、幼児教室で観察された3歳6か月での発達評定得点を比較した。（高群、中群は当該者全数であり、低群は月齢を考慮して14人を選んだ。）識字度3群のイメージは、高群は身体を動かすよりも言葉やつもり、モノを探索して遊ぶタイプ、中群は最も心身のバランスのとれた遊びをしており、低群は言葉や細かい操作以前の感覚的遊びを好む3歳児であった。

　興味深いのは、識字度中群が言語性や認知性の発達のみならず、遊びでの役割行動を除くすべての発達分野で高群を上回っていたことである。高群は低群よりも、言語性や認知性の発達が早い傾向がある反面、高群の「運動性」、なかでも、「活動量」（体を動かす遊びが好き）の低さ、同時に「自発性」、なかでも「探索意欲」（自分から新奇なものに関わっていく）の低さが見られた。

　この2つの発達領域は自分の体を使って活動し、ものに働きかけ、他者に関心をもって模倣しながら学んでいく1歳児期の発達課題であり、その後の発達の土台となる力である。識字度高群の3歳6か月児の発達のバランスに注目するとき、2歳児まで生活にその原因があるのではないかと予測された。

文字との2つの出会い方──「体験型」と「パターン型」

　母親の約半数は、ひらがなを「子どもに尋ねられれば教える」「子どもが関心をもてば、何歳からでも教えてよい」と回答し、「機会を見つけて親から教える親」が「まったく教えない親」よりも多かった。ひらがなについては25%、数字では35%の親が「機会を見つけて教える」と回答し、そのうちの4%は教材を使って教えていた。

子どもの文字への関心の早さは、両親、とくに母親の関心や対応を色濃く反映していた。文字との出会いのきっかけと時期を母親に尋ねた結果、その生活環境に特徴が見られた。早期に文字に関心をもった子の特徴は、テレビ視聴と外遊びが少なく、知的な習い事が多く、歌や物語、英語などのテープ所持率が高い。高学歴の父をもつ第1子で、男児より女児、母子の接触時間が長い家庭であった。その母親は、1週間に4～5日絵本の読み聞かせをし、機会を見つけて文字を教えようとしていた。

さらに識字度高群の子どもの母親に面接すると、「体験型」と「パターン型」という2つの異なる文字習得方法があることが分かった。「体験型」とは、体験したことや興味ある遊びやおもちゃと関連した文字を子どもが聞いてくるので教えたという昔ながらの方法であり、文字獲得は3歳前後に集中していた。一方の「パターン型」は、子どもが興味をもつ前に、親が絵本や積み木、絵カード、かるたなどの文字環境を整え、子どもの興味にかかわらず繰り返し刺激を与えて覚えさせてしまう方法で、2歳前後に集中していた。

2つの異なる文字習得法をする幼児を幼児教室で観察すると、「体験型」に比べて「パターン型」の幼児は、文字や数字、形などに強い興味やこだわりがあり、遊び方に一定のパターンをもち、友達への関心よりも一人遊びが多く、他児の感情や表情の変化に無関心なので相互のやり取りが成立しにくいことが気になった[3]。

「体験型」の幼児の特徴

それに対して、体験型の子どもは絵本の読み聞かせやお絵かきなどの遊びの中で文字との接触が出てくる場面でも、パターン型のような周囲との違和感は感じられない。

体験型ケース①：3歳8か月の男児、二人きょうだいの末子。
　3歳3か月頃、テレビのウルトラマンに興味を持ち、3歳年上の兄に教えられて、怪獣事典でカタカナを覚える。並行して、あいうえお表でひらがなを覚え、テレビや看板、駅名などで知っている文字を確認するのを楽しみにしている。

体験型ケース②：4歳0か月の女児、一人っ子。
　2歳6か月頃、雑誌の付録のあいうえお表からうさぎの"う"を覚えてから、絵を見ながら母親に聞く。1年がかりでカタカナや漢字にも興味を持ち、4歳になると文章になった手紙を書く。鏡文字もあるが、絵を書いてその説明を字で書く。

「パターン型」認知法

　興味や体験に触発されて文字を獲得する「体験型」に比べて、「パターン型」は1980年代にアメリカの障害児教育の権威であるグレン・ドーマンが、「障害児の子どもが伸びるのであれば、普通の子にはもっと効果があるのではないか」という発想から生まれたといわれている。

　ドーマンの文字習得の見解は次のようなものである。①乳幼児は学びたがっている　②乳幼児が生の事実を取り入れる能力は、年齢が低いほど効果的である　③幼児は教えなくても文字を学んでいる　④読む力は知能を引き上げる効果がある　⑤読むことと書くことは脳の異なる作業である。そして、効果的に教えるために文字カードや数字を教えるドッツカードが作られた。

　その教授法は、好き嫌いや自我がはっきりする前に行うと効果が高いといわれ、①早ければ早い時期から　②親子で楽しんで　③親子の気分のよい時間に　④スピーディーに繰り返して行い　⑤親は成果を信じて毎日繰り返し、強要せずにできたらほめてやり、できなくても叱らない態度を一貫することが要点であるという[4]。

「パターン型」の幼児の特徴

　「パターン型」の特徴をまとめると、①文字と図形、記号などの区別、絵と文字の区別もあいまいである　②興味関心の範囲が限定的で、一定のパターンの繰り返し行動が多い　③他児との活動や状況と無関係に、パターンの繰り返し行動が生起しやすい　④パターン行動が始まると中断に抵抗を示すことが多い　⑤おとなしい子で身体を動かして遊ぶことが少ない　⑥自由遊び場面では、自分から動き始めるよりも受け身で行動することが多い　⑦会話が一方的で、相互のやりとりが成立しにくい傾向がある、などである。

パターン型ケース①：3歳1か月の男児、二人きょうだいの第1子。
　朝10時、母子で教室にやってくると、周りの状況におかまいなくまっすぐ絵本のコーナーに、ブツブツと独り言を言いながらいつまでも本に熱中する。お絵かきコーナーでABCや○△□を書き続け、友達が声をかけても目線を合わせず自分の世界に没頭している様子だ。文字や音声の繰り返しの受容が好きで、その繰り返しを中断されるとパニックを起こすことも多い。彼の中には、何か一定の自分のルールを持つパターンがあり、それ以外の刺激が介入すると混乱するらしく、無視することによって安定を保とうとする行動がみられることもある。

パターン型ケース②：3歳3か月の女児、一人っ子。
　マンションの11階に住み、ほとんど毎日母親と二人の生活で、絵本に埋もれて育ってきた。物語や童話のシリーズ物を聞いて育ち、1歳8か月頃に「これなんて読むの？」と聞くようになる。繰り返し読むうちに、2歳3か月頃にはひらがな、カタカナを覚え、漢字にも興味を持つ。3歳までには自分で本を読み始める。現実の話と絵本の話が交錯することが多々あり、絵と字を同時に書くなど区別があいまいである。一人遊びが長く、空想の友達が目の前にいるかのように、作り話をして遊ぶことが多い。

「パターン型」の親の特徴

　親の特徴としては、①一人か二人の子どもの親で、時間的な余裕がある　②友達や近所付き合いが少なく、親子でいる時間が長い　③情報や本に接するこ

とを好む　④目的のない母子での感覚遊びや共感遊びが好きではない　⑤子どもの教育に関心が高く、熱心である　⑥父親も同様の価値観をもっており、不在がちな家庭、などであった。

　こうした親たちも、初めから確信をもって始めたというよりも何かのきっかけで始めたところ、子どもものってきたので面白くなって続ける人が多い。子どもからの反応があるからこそ、一日に何冊もの絵本を読み、テープやビデオ、絵カードを反復する生活が継続できるようであった。

　文字の獲得による子どもの変化を母親に尋ねた結果では、「これなんて読むのとよく聞く」「看板や駅名で確認する」「一人で絵本を見ていることが多い」など、文字への関心の深まり、「即興曲のようなものを作ってピアノに向かって弾く」「一人で話を作り、その世界に浸り、手がかからない」「祖父母に手紙を書きたがる」など、文字の獲得が想像の世界へと広がりをみせると、親の満足も高くなる。

　また、パターン刺激を繰り返す子どもには、集中力がある、独創性があるとプラスに評価する親も多い。「何時間も絵本を飽きずに見続けている集中力はすごい」「漢字の本をほしがるので与えたら、"ひらがなつけといて"という」「草や木で遊んでいても、これ"A"だ、これ"イ"だと形に並べて見立てる」子をみると、わが子ながら素晴らしいと思う親もいる。

　その反面、「絵本ばかり読んでいて、友達と遊ばない」「遊んでいてもいつの間にか一人で本を読んでいる」「形のあるものや上手にできることに拘って、新しいことに挑戦しない」「物事に神経質になった」など、友達への関心の希薄さやこだわりへの心配、あるいは「途中でやめさせよとするとイライラして、パニックになる」「絵を描きながら文字らしきものを書き始めてしまう」などの行動への心配も聞かれる。

　また、繰り返してやらないとすぐ忘れてしまう事実にも親は気づいている。その成果を継続させるために学習教室に通わせる親も出てくる。「2歳で読めたときは周りの親にすごいといわれたが、4歳になると普通の子になってしまうのではないか」「それでもすごいと言われた時期があったことは親子にとってそれなりによかった」「小学校になったら普通の子どもになってしまうので

はないかと心配している」など、親の気持ちも複雑である。

第2節 「パターン型」と「体験型」の発達を比較する

人生早期からの識字学習法が、子どもの現在の全体的発達に、また将来の成長に与える影響はないのであろうか。こうした関心から、識字方法と子どもの発達バランスについて第3調査を実施することになった。

1990年〜1993年の3年間に親子教室に参加した345人の3歳児の中に、46文字以上のひらがなを読める子が51人（14.8％：男10.9％　女19.1％）いた。そのうち1年間教室に通い、3歳6か月時の発達調査と親への面接・質問紙調査とがセットでそろった対象者のうち、親への面接調査によって明らかに「体験型」と「パターン型」と断定できる幼児のみを選択した。こうして選んだ典型的な「体験型」10人、「パターン型」11人について、幼児教室での観察による発達評価得点を比較してみた[5]。

発達評定は、週1回、1年間参加する教室で、全員が在籍する3歳6か月時点の観察結果である。幼児教室の集団保育場面の様子について、保育者4名と研究者2名が合議した5段階評定データを用いた。

3歳児レベルを想定して作成された発達の6領域18項目は、①情緒性（気分の安定度・感情統制の程度・感情表出の程度）、②自発性（探索意欲・自己主張・場への参加のしかた）③運動性（活動量・敏捷性・運動調整力）④認知性（モノの操作力・見立てつもりなどイメージ力・状況把握の程度）⑤言語性（理解度・流暢さ・言語イメージ）⑥社会性（大人への親密性・友達同士の関わり・遊びに即した役割行動）であり、6領域の発達総合点とその発達のバラ

図表2-1　文字の獲得の仕方と3歳児の発達バランス

| ①体験認知型（10人）
　興味から自分で覚える文字
②パターン認知型（11人）
　教えられて覚える文字 | ⟷ | 幼児教室での3歳6か月時発達観察結果
　情緒性　運動性　認知性　自発性
　社会性　言語性　総合的発達 |

ンスに注目した。

「体験型」と「パターン型」の発達プロフィールの違い

「体験型」は「パターン型」よりも、発達6領域の「情緒性」「自発性」「社会性」「発達総合点」で上回り、有意差があった。以下の下位項目でも「体験型」は「パターン型」を上回り、有意差があった。

- 情緒性　「気分の安定」（気分のムラが少なく表情が分かりやすい）
- 自発性　「探索行動」（自分から新奇なものに関わっていく）
　　　　　「自己主張」（自分の欲求を自己表現する言動）
- 社会性　「役割遊び」（遊びに応じた役割行動がとれる）
- 運動性　「運動調整力」（目や手、身体の動きを調整する力）
- 言語性　「言語イメージ」（体験や目前にないことを言語化して伝える力）

「体験型」と「パターン型」の発達領域の相違をまとめると以下の結果になり、幼児の発達に対するパターン型学習法の問題点が明らかにされた。

① パターン型は体験型よりも、発達評価得点が全般的に低い。
② パターン型は、早期の発達課題（情緒性・自発性・運動性・社会性）の

図表2-2　体験認知型とパターン型の発達比較と差異（3歳6か月時）

体験認知型（10人）　＞　パターン認知型（11人）				
発達領域	有意差	3つの下位領域		
情緒性	**	気分の安定*	感情の統制	感情の豊かさ
自発性	**	探索行動**	自己主張**	場への参加度
運動性		活動量	敏捷性	運動調整力**
認知性		目的にあう操作力	見立てつもり	状況の認知
言語性		言語理解力	流暢さ	言語イメージ*
社会性	*	大人への親密さ	二人友達志向	役割遊び*
総合発達	**			

（** $p<.01$　* $p<.05$　無印：有意差なし、数値省略）
（2群の平均値差を統計的検定する t 検定を使用。危険率 p が5%以下（$p<.05$）を統計上有意差ありとした。）

達成を犠牲にする可能性がある。
③ 早期の文字認識と関連が高いと予想される認知性・言語性の発達下位領域でも、パターン型と体験型に大きな差は見られない。

「体験型」と「パターン型」の幼稚園生活

早期に定着させられた認知スタイルが、その後の幼児の発達に与える影響を知りたいと思い、2年6か月後の幼稚園年長、6歳児点で追跡調査を実施した。3歳児の発達評定と同一内容を6歳児の発達に想定し直し、修了生が通う園のクラス担当に園生活での発達評定を依頼した。

その結果では、3歳児期に見られた発達領域の有意な差異は6歳児期には解消されていた。3歳児期には遅れていた「パターン型」の情緒性や自発性、社会性や運動性での差異は縮小しており、認知性・言語性では得点はむしろ上回っていたが、いずれも統計的有意差はなかった。下位項目で見ると、3歳児期には「体験型」は「パターン型」よりも社会性の「役割行動」（遊びの役にふさわしい言動をする）で高かったが、6歳児期でも同様に、社会性の「順番・交代などのやり取りができる」で統計的有意差があり、社会性が求められる領域で優れていた。一方「パターン型」は「体験型」よりも、生活習慣の項

図表2-3 「体験型」と「パターン型」の発達プロフィール（年長6歳時）

発達と領域と3下位項目	体験型（5人）・パターン型（5人）		
情緒性	気分の安定	感情の調整	相手の理解
自発性	モノへの対処	人へのかかわり	場面への対処
運動性	活動力	動きの敏捷性	身体の調整
認知性	モノの操作	目的行動	情報量
言語性	理解力	自己表現力	相互性
社会性	トラブルの解決力	友達関係の広がり	順番交代などのやり取り*
総合発達			
生活習慣	清潔の習慣	かたづけ†	あいさつ
遊び	集団への適応	グループ遊びの交流	リーダー性

（*p＜.05, †p＜.10　差の傾向あり、無印；有意差なし、数値省略）

目である「かたづけ」で傾向差があり、「パターン型」は身辺整理がやや得意なようである。この傾向は、形や数字を順に並べる物の分類や集合が好きであるというパターン型の行動と関係があるように思われる。

この結果は、アンバランスな発達をしていた「パターン型」の幼児も2年6か月後には発達のバランスを回復していたとも、早期のパターン学習効果の継続を疑問視する結果とも解釈できよう。対象者が5人ずつと少なく、親には子どもに適した園を選択する傾向があり、教諭の評価は園の特徴を反映していることなど、追跡調査の限界も大きかったといえよう。

先取り不安が高い「パターン型」の親たち

早期の「パターン型」学習法は、変化する外界に自発的に対応し、自分の身体と言葉で外界とコミュニケーションしようとする心身の構えを希薄にさせ、他者との関係が一方通行のやり取りになる傾向があった。自分の関心や欲求とは関係の薄いたくさんの刺激を受容し記憶する作業に多くのエネルギーを費やし、外部への自己表現の機会が少なくなるようだ。

「パターン型」の効果が発揮されるのは就学以後であると考える人もいる。就学以降の「パターン型」の子どもの追跡調査はほとんどないが、数少ない調査結果によると、その分岐点は小学校の中学年ではないかといわれる。機械的暗記を中心とする小学校低学年までは効果があるが、抽象的思考に移る中学年以降はその効果が薄れるようである。中学、高校になると早期教育の効果は失われ、むしろ逆効果だけが残る可能性もあるという結果もあるが、はっきりしたデータは見当たらない[6]。

以上のようなささやかな調査結果から判断しても、赤ちゃん時代からのパターン型学習法の効果は大きくはないようだが、これは子ども自身の問題よりも、親の教育観や価値観、親子関係のあり方との関連が根強い。

親への面接で痛感した事実の一つは、早期教育の流行が子育て環境の急激な変化に伴う親の先取り不安に起因することである。子育て不安が高い親ほど早期教育を志向し、子ども独自の発達の道筋に気づかないまま、大人と同じ刺激や環境を早くから与えることで成長促進を図ろうとする子育て先取り観をも

つ。将来の効果を求めるあまり、今の育ちの過程を省略したり先の課題を前倒しする育児法は、その副作用や逆効果に気づかない危うさを感じさせる。早期から強い刺激や高度な刺激を繰り返し与えられるパターン型の3歳児を見ていると、その刺激への習慣性や固執性を定着させ、新しい世界や情報を受容する心身の構えや柔軟な姿勢に悪影響はないのであろうか、そんな危惧や疑念が浮かんできて仕方がない。

　面接で感じた第2は、従来の子どもが言葉を獲得していく方法の変化である。従来の発達論では、子どもは大人との情緒的絆を支えに語りかけられる言葉と自分の感覚を通して話し言葉に接し、覚え、そこから読み言葉や書き言葉へと移行していくと考えられてきた。しかし現代では、読み言葉が話し言葉に先行する子どもが現れ始めた。話し言葉が遅い親には、「言葉をしゃべることが遅かったので、教えなければと思ってパターン学習を始めた」という発言が多かった。発話が遅い子の親は繰り返して教えようとして、親の働きかけとともにビデオやDVDなどの教育機器や絵本などの教育玩具に頼りがちになる。その結果、強度の刺激の反復による習慣性や固執性を強化し、応答性の少ない一方通行のコミュニケーションにつながりやすいことは容易に想像できる。

　人間の音声言語は対話を基本とし肉声によるコミュニケーションを高めるが、機器音を一方的に聞かされて育つ子どもは、機器音に敏感で肉声に鈍感になりやすいといわれる。肉声による音のやり取りは、相互の状況や身体感覚に合わせて発せられ、言葉の発せられる間を感じながら話し聞く態度を養うが、音の聞かせっぱなしは発語や発話力を奪う結果になるのではないだろうか。機器音と映像が生活の中に深く浸透し、大人にとっては必要不可欠な刺激になっている今日、早期から機器の刺激にさらされて育つ環境が乳幼児の発達に及ぼす影響が問われ続けている[7]。

第3節　遊びから学びへの育ちの接続

幼児期の終わりまでに育ってほしい発達の姿とは

　従来の幼児保育・教育は、「幼児の自発的遊びを通しての総合的指導」「環境を通しての教育」「一人ひとりの個性に応じた指導」を柱に実施されてきたが、2018年からの「幼稚園教育指導要領」「保育所保育指針」「幼保連携型認定こども園保育・教育要領」の改定を迎え、就学前教育・保育の新しい目的や方法が議論されている。

　諸外国の幼児教育に関するOECD（経済協力開発機構）による国際調査結果などから、質の高い幼児教育がもつその後の個人の人生と社会発展への効果が注目され始めている。なかでも幼児教育の最大の効果は、学力のような目に見える認知能力ではなく、我慢力や自己制御力、自己効力感といった自分で人生を切り開いていくために不可欠な目に見えにくい非認知能力の促進であるといわれる。

　今回改訂された教育・保育要領は、乳幼児期の終わりまでに育てられた社会的スキルや非認知能力を基礎に、幼小接続を踏まえて就学後の学びの連続性につなげていこうとする動きである。乳幼児期の終わりまでに育みたい能力や資質を学ぶ課程は次の3本柱に整理されている。

① 「知識及び技能の基礎」（豊かな経験を通して、感じ、気づき、理解し、できるようになる力の養成）

② 「思考力・判断力・表現力の基礎」（気づき、できるようになった力を使って、考え、試し、工夫し、表現しようとする力）

③ 「学びに向かう力・人間性など」（心情、意欲、態度が育つ中で、よりよい生活を営もうとする力）

　幼児教育において育みたい能力や資質を「幼児期の終わりまでに育ってほしい姿」として10項目（①〜⑩の番号）を挙げ、従来からの幼児教育の5領域活動を通してそれらを一体的に育んでいくことを目標にしている[8]。

領域「健康」	①健康な心と体
領域「人間関係」	②自立心　③協同性　④道徳性・規範意識の芽生え
	⑤社会生活との関わり
領域「環境」	⑥思考の芽生え　⑦自然との関わり・生命尊重
	⑧数量や図形、標識や文字などへの関心・感覚
領域「言葉」	⑨言葉による伝え合い
領域「表現」	⑩豊かな感性と表現

　5領域の活動を通して望まれる資質や能力を一体的に育てていくためには、指導のための教育過程の工夫と指導方法の開発が求められている。質の高い保育と保育者の資質向上、専門性向上によって、従来からの個人差に応じた指導の充実とともに、アクティブラーニングの視点から「主体的な学び」「対話的な学び」「深い学び」という学びの3つの指導方法が取りあげられている。

　「主体的な学び」とは、幼児が興味関心をもって主体的に環境に働きかけ、見通しをもって粘り強く取り組み、振り返って次の遊びにつなげていけるような学び方をさす。「対話的な学び」とは、幼児が自分の思いや工夫を表現して伝えあい、他者と交流させることによって考えを広げる学び方であり、「深い学び」とは、直接体験して物事の見方や考え方を深め、自分なりの方法やペースで工夫しながら自己学習する方法であるという。

　このような非認知能力の伸長は、生活の場である家庭や地域環境の中で培われる能力であり、経済的、階層的格差に影響されやすい能力とされてきた。これからの保育者は保護者と子育てを共有する観点から、子どもの成長を肯定的に捉えて、家庭や地域のみならず園や学校が協働して、幼児期に望まれる資質や能力を育成することが求められる。

期待される遊びと学びをつなぐ保育

　前述した「パターン型」学習法は、変化する外界に自発的に対応し、自分の身体と言葉で外界とコミュニケーションしようとする心身の構えを希薄にさせ、一方通行のコミュニケーションを招く傾向がみられた。大人による早期か

らの学びの強制は、受容し記憶する作業に特化し、自己表現の発信を妨げる傾向があった。期待される認知や言語能力を伸ばすよりも、幼児期前期の発達課題である情緒的安定や自発性の発達、非認知能力の中心になる社会性の発達にマイナス効果を与える可能性も示唆された。

　2歳までのこの時期は「前言語期」といわれるように、自分の心と体の主人公になる時期、言葉の前の言葉である非言語的コミュニケーションを発達させる時期である。ピアジェが「感覚運動期」と名付けたこの時期に、言語性のみを過度に刺激し開発する体験を強いられると、今後の発達の土台となる情緒性、自発性、運動性、社会性の発達を低下させる可能性があることが明らかになった。

　乳幼児期の発達は、ヒトの個体発生の独自性、人間発達の基盤である身体性と基本的な人への感受性、コミュニケーション能力の発達がその土台となっている。乳幼児期は、環境と関わりながら自発的に学んでいく生涯にわたる人格形成の基礎作りの時期である。3歳以上はもちろん、3歳未満児の保育所利用の増大に伴い、子どもの年齢と発達に応じて生活や遊びの場面での「学びの芽生え」「学びの支援」が適時、適切に行われる必要があるとされる。遊びと学びをつなぐ「遊びながら学ぶ」姿勢など、乳幼児期と学童期をスムーズに接続するための工夫が求められている。

遊びと学び、学習の接続

　「じっと座っていられない」「先生の話を聞こうとせず勝手にしゃべっている」「友達とうまく関われない」「勝手に教室を飛び出す」「突然キレて友達を攻撃する」など、学校の決まりに沿って行動できない1年生の出現、「小1プロブレム」や「学級崩壊」が社会問題になったのは1997年頃から、少子化時代の子どもの就学時期と一致するといわれる。

　多様な原因の一つとして、幼児期の育ちを残したまま就学を迎えたために幼少期と学童期の段差を乗り越えられない子どもの問題として、その段差解消のために乳幼児期の育ちや発達の質を検証し、保幼小の段差の埋め方を模索し問題解決を図る取り組みが試みられている。幼小期と学童期をスムーズに接続さ

第2章　遊びから学びへの発達―乳幼児期教育を考える―

図表2-4　遊びと学び、そして学習

法律	幼稚園教育要領・保育指針	学習指導要領
教育目的	自主的遊び・環境を通しての学びと教育・個人差を踏まえた対応・指導 ⇒ 関わる・考える力 ⇒ 熱中力・理解力	遊びから生きる力（意欲・関心・態度）を養う⇒思考・判断力 ⇒ 技能・表現力 ⇒ 知識・理解力
教育内容	5領域（健康・人間関係・環境・言葉・表現）＋養護＋α	8教科（保健体育・社会・理科・算数・国語・音楽・図工・家庭科）＋α
教育方法	生活や遊びを通しての主体的活動による総合的な学び	教科学習を通しての主導的学習と合科的学び（特活・道徳・生活など）
教育評価	幼児指導要録・児童保育要録（個人内評価）	学習・観点別評価（個人間評価・絶対評価）
保小連携	アプローチプログラム（年長後半）⇒⇒	スタートプログラム（小1当初）

接続カリキュラム　1「生活する力」（生活の自立能力⇒学校生活への適応）
　　　　　　　　　2「関わる力」（人と関わる力⇒集団と自己の調整）
　　　　　　　　　3「学ぶ力」（学びの芽⇒文字と数への関心・学び方への関心）

せるために、園においては5歳児の後半に小学校に慣れさせるための就学向けの「アプローチプログラム」が、小学校においては小1当初に園から学校生活への適応を助けるための「スタートプログラム」が実施されている[9]。

　幼保小連携を結ぶ接続カリキュラムには3つの観点（1生活する力　2関わる力　3学ぶ力）が重要であるとされ、それらは改定教育指導要領などで提示されている「幼児期の終わりまでに育ってほしい姿」10項目（前述の①～⑩）と重なると思われる。

1　「生活する力」：乳幼児期に5つの生活習慣を身につけ生活リズムを整えることによって　①健康な心と体と②自立心を育て、学校適応に不可欠な決まり順守や整理整頓などの社会的生活習慣の獲得につなげていく。
2　「関わる力」：決まりを守って友達と仲良く（③協同性）、自主的に指示に従い（④道徳性・規範意識の芽生え）、言葉での表現力・コミュニケーション力を身につけ自己制御できるキレない態度を身につけ（⑨言葉による伝え合い）、社会との安定した関わり力（⑤社会生活との関わり）を養うことにつなげていく。
3　「学ぶ力」：自然との関わりや遊びを通して、⑦生命尊重の気持ちと⑩豊

かな感性と表現力、⑥思考力の芽生えを学び取り、協同的な遊びや集団活動を通して共同で学ぶ力を経験する過程で、⑧数量や図形、標識や文字などへの関心・感覚を身につけ、学童期の学習目標である心情・意欲・態度・好奇心・探求心・思考力へとつなげていく。

第4節　育ちの接続への園・学校・教師と家庭・親の連携

遊び、遊びこむことから自己学習へ

　乳幼児の遊び活動は、主体的に遊びこみ熱中する経験を経て、自然に「学びの芽」が育ち、自ら「学ぶ」活動へとつながっていくと考えられる。子どもの学びは、感覚刺激によって外界を感じ取る感覚運動期に始まり、自己中心的な予測を立て「遊びつつ考える」前操作期を経て、幼児期後期には、見た目で判断する直観的思考段階から体験や目前の事物を使って確認する具体的操作期へ、そして学童期以降は、概念を用いて考える抽象的思考段階へとつながっていく。

　遊びを学びにつなぐ「遊びこむ力」は、家庭や園の取り組みに影響される。幼児の遊びこむ力は、自由に遊びを深められる身近な環境、興味・関心あるものへの「熱中力」や「自己効力感」を育てる先生や大人の受容的な関わり、遊びをともにしながら世界を広げていく仲間との関わりに支えられて向上していく[10]。

　生活や遊びの中で培かわれた遊びこむ経験は非認知能力・社会的スキルの発達を促し、児童期に必要な3つの力（「生活する力」＝生活力、「かかわる力」＝関係性作り力、「学ぶ力」＝自己学習力）の基盤になり、児童期の環境適応を高める役割をする。学童期の認知能力（学力）は、こうして育った乳幼児期の非認知能力・社会的スキル（自立心、我慢力、自己調整力、生活習慣の自立など）に支えられて発達していく。

図表2-5　家庭・親と園・学校の連携

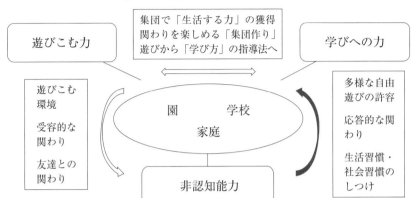

育ちの接続への園・学校・教師の役割

　幼保小の教育システムの段差を埋める担い手は、保育者と学校教諭である。保育者は、保育5領域と園生活環境構成によって、子ども一人ひとりの育ちや個性に配慮した総合的発達を保育の目標とし、個人内発達を評価する。一方の学校教諭は、クラス単位での教科学習を通して合科的学習を主導的に指導する役割を負っており、学習観点別に個人間評価を中心に行う。

　親や子どもにとって、いい先生とはどんな先生だろうか。アメリカの調査では、いい先生とは、担当した子どもの認知・非認知能力を高める関わりや子どもに良い変化をもたらす力を持った人であるという。つまり、成績を上げたり子どもが勉強するきっかけを作ったりして、認知能力向上に効果的影響を与えた先生であり、やる気や我慢力を鍛え、自立や自主性を育てる契機を作るなどの非認知能力向上に寄与する関わりができる先生であるという。出会いが人生を変える体験を与えられる人、認知能力・非認知能力を高める影響を与えられる人であり、出会いが人生の転機となる経験を与える先生であるという。したがって、教員研修・教員免許の有無には無関係であったという[11]。

　改定教育指導要領では、幼児教育の5領域の活動を通して幼児期に身につける10項目の資質・能力を学ぶ課程を3本柱に整理し、5領域活動を通してそれらを一体的に育て、就学後の学習と連携させるという。そのために、指導の

ための教育過程の工夫と指導方法を開発するとともに、質の高い保育と保育者の資質向上、専門性向上が求められている。個人差に応じた指導の充実とともにアクティブラーニングの視点から、主体的に学び、対話的に学び合い、個人の深い学びにつなげていく一連の学びの過程が取り上げられている。

　これから始まる幼児教育・保育の場での非認知能力の育成は、家庭や学校に引けを取らない優れた効果をもたらすかもしれない。日本の保育現場では、非認知能力を育てる方法の蓄積は決して少なくないし、保育者の教育レベルも決して低くはない。遊びを通しての総合的指導、環境を通しての総合的発達、一人ひとりの個性に応じた個人的指導は、いずれも従来から幼児教育の基本的柱である。興味関心をもって主体的に環境に働きかけ、見通しをもって粘り強く取り組み、振り返って次の遊びにつなげる「主体的な学び」は、「環境を通しての教育」「幼児の自発的遊びを通しての総合的指導」に取り組んできた保育者にとってはすでに自明の理である。

　幼児教育の場では、当番や共同活動など集団やグループ活動も多く、準拠集団としての友達作りに重点が置かれており、他者との関わりの中で自分の思いや工夫を表現し、考えを交流し伝え合う「対話的な学び」の方法は保育の場にこそ適しており、すぐにでも取り組めそうな環境がすでに存在している。直接的、具体的な体験を通して物事の見方や考え方を深め、自分なりのやり方やペースで工夫しながら学んでいく「深い学び」は、子どもの発達に応じた学びのスタイルやペースの尊重である「一人ひとりの個性に応じた指導」が有効であり、従来からの保育に不可欠な指導法である。

　非認知能力育成は、評価の視点との関連が深い。外国の子どもに比べて日本の子どもは自尊感情が低いといわれるが、幼児教育における幼児評価の視点は、従来から個人間評価よりも個人内評価、個性としての評価が高い。保護者はとかく他の子と比較して資質や能力を見てしまいがちだが、保育者はそうではない。非認知能力向上に関する保育者の幼児評価の問題では、「言葉よりも行動で示す効果が高い」「結果よりも過程を評価する方がよい」「原因や結果ではなく、努力を誉める」などの評価の視点や対応を変えること、あるいはマイナスではなくプラス評価を尊重することなどから、子どもの自信や自己効力感、自

尊感情を高める保育方法につなげることを期待したい[12]。

　身体や感覚を使って体験的に学ぶ幼児期の学びへの取り組みは、学ぶ環境構成の主体である保育者の資質や工夫に支えられて実現する。保育者の資質向上のためには、園内研修と同時に、幼児教育研究機関などの外部専門機関からの具体的な教育研修や教育支援が必要になるとされる。保育士不足の中でも保護者支援や地域の子育て支援などの業務の拡大、要保護児対応が増加する中で、保育所をはじめとする幼児教育施設での新しい保育者の資質や能力の育成が指向されることになる。

●第2章のまとめ

　2歳ころまでに大人から教え込むパターン認知型は、学習効果が目に見えるので親主導の学び方が身につきやすく、同時に2歳ころまでの発達過程や順序に混乱を生じる可能性が示唆された。

　保育と教育を一体化し、就学後の学びの土台となる非認知能力開発への関心が保育場面で高まる昨今、早期からの学びについての指導方針や保育方法についての十分な理解が求められる。就学後の自主的に学ぶ姿勢や認知能力の向上は、乳幼児期の身体と感覚を使った「遊び、遊びこむ」体験が土台になることが日々の保育の場で確認されることを期待したい。

参考文献

1)　汐見稔幸　1993『このままでいいのか超早期教育』大月書店
2)　ベネッセ次世代育成研究所　2013「第1回幼児期から小学校1年生の家庭教育調査報告書」
3)　中野由美子　1990「3歳児の識字能力の発達と育ちのバランス」家庭教育研究所紀要12号
4)　Glenn Doman, 1975『How to Teach Your Baby to Read』ドーマン研究所　食野雅子訳　1990『赤ちゃんに読み方をどう教えるか ― 親こそ最高の教師』サイマル出版
5)　中野由美子　1993「識字獲得法と育ちのバランス ― 超早期教育の理論と現実 ―」ちいさななかま3月号　草土文化
6)　佐野勝徳　1988　げんき編集部編『読み聞かせでのびる子ども ― 早期教育の見直し ―』エイデル社／Devid Elkind, 1988『Miseducation Preschoolers at Risk』幾島幸子訳　1991『ミスエデュケーション』大日本図書
7)　中野由美子　1993「乳幼児期の早期教育 ― 早期の識字教育と子どもの発達 ―」家庭教育

8) 文部科学省 平成30/2『幼稚園教育指導要領解説』厚生労働省 平成30/2『保育所保育指針解説』内閣府 平成30/3『幼保連携型認定こども園教育・保育要領解説』無藤隆 2017『3法令改訂の要点とこれからの保育』チャイルド本社
9) 茅野教育委員会編 2016『幼保小連携教育の挑戦 ― 実践接続カリキュラム』ぎょうせい
10) ベネッセ次世代研究所 2016「園での経験と幼児の成長に関する調査」
11) 中室牧子 2015『学力の経済学』ディスカバー・トゥエンティワン
12) Paul Tough, 2016『Helping Children Succeed』高山真由美訳 2017『私たちは子どもに何ができるのか ― 非認知的能力を育み 格差に挑む』英治出版

第3章
幼児期・思春期・プレ成人期の連続性と変化

　本章では、乳幼児期の保育・教育の目標は、「認知能力」よりも人生の土台となる「非認知能力」を育てる大切さにあることを、縦断調査のデータから検証する。非認知能力は保育・教育の場だけではなく、長い人生の人との出会いや経験の蓄積などによって培われていく幅広い能力である。幼児期 ― 思春期 ― プレ成人期の3時期、約30年間の追跡が可能であった79人への調査から、発達の連続性と変化を数量的、質的に分析し、幼児期の非認知能力の発達とその後の自己像形成との関連を分析する。

第1節　非認知能力への関心

幼児期の「非認知能力」への高まる関心

　OECD（経済協力開発機構）では、教育の質的向上をめざすために学力レベルや教育内容を比較する国際比較調査や研究を実施してきた。最近では、学力とともに、その土台となる「非認知能力」への関心が高まっている。子どもの経済的、教育的、人種的養育環境の格差が貧困の世代間再生産（貧困の連鎖）に及ぼす影響、ならびにその結果として発生する将来の社会的損失を予防するための社会政策の立案に欠かせない調査や研究が行われている[1]。

　9か国の比較調査の結果、幼児教育・保育への投資が社会全体にもたらす経済的効果が最も高いことを教育経済学の観点から明らかにした。幼少期の教育環境を豊かにすることが認知能力と非認知能力に好影響をもたらし、将来の学業や働き方、社会的行動に肯定的効果を与え、しかもその効果が人生のずっと

後まで持続するという結論に至っている。

アメリカで実施された有名な3つの研究のうち、最も有名な研究は「ペリー就学前プロジェクト」である。ノーベル経済学賞受賞者であるヘックマンなどによって1962年～1967年に実施された「ペリー就学前プロジェクト」の理論的根拠（エビデンス）が、今日の幼児教育政策や幼児教育課程に与えた影響は大きい。3歳から4歳のわずか2年間の教育投資が、教育的効果のみならず経済的・社会的・人間関係的な側面にもプラスの影響をもたらすという結果を40年～50年にわたる縦断的調査から示している[2]。

ペリー幼稚園プログラム（1962年～1967） アメリカミシガン州
追跡調査：3～11歳、14～15歳、19歳、27歳、40歳、50歳に追跡継続中
対象者：アフリカ系低所得層家庭の3～4歳児123人（教育対象群58人―非教育群65人）
保育者：子ども5～6人を修士号以上の専門保育者1人が担当、非指示的保育方法
言語教育：1日2.5時間、週5日、2年間実施
家庭訪問：毎週1.5時間の親支援、親の小集団ミーティングへの毎月の参加

その効果：40歳時点でのプラス効果・費用対効果16倍
　①学力（認知能力）：5歳のIQ・14歳の学業成績・高校卒業者比率で高い
　　　　　　　　　　しかし、認知能力（IQ）への影響は8歳で消えてしまう
　②経済力：40歳時の所得・雇用者比率で高く、生活保護受給率が低い
　③家族・その他：子どもを持つ割合が高い、家族関係は良好、逮捕歴が低い、など

幼児期の教育プログラムが、どのような経路でその後の人生に効果をもたらしたかの検証は、①認知能力　②問題行動　③学習に対する動機付け　④非認知能力などのその他の要因の4つに分けて整理された。その結果、①認知能力への影響は小さく、④非認知能力などのその他の要因への効果が大きかった。

3つの研究の中で最も新しい研究は、シカゴ大学のジョン・リストなどが2010年から開始している「シカゴハイツ幼児センター」である。ヒスパニッ

ク系やアフリカ系が多いシカゴ市シカゴハイツ地区に2つの幼稚園を作り、教育の「質」と「手段」との因果関係を実験的に証明しようとしたプロジェクトである。その3つの目的は、①教育効果を検証するための長期追跡調査　②「認知能力」と「非認知能力」のプログラムを別々に行うことによって、両者の長期的効果を比較すること　③「親の学校」を実施することによる親向けのプログラムの効果を測定することであるという。目下進行中である成果の一部が報告されている。

① 初めの4か月で、認知的・非認知能力の両方に効果があった。
② 非認知能力の向上には、親向けプログラムの効果が大きく、子どもの認知能力の向上には、親向けよりも子ども向けプログラムの効果が大きい。
③ 親向けプログラムが非認知能力に与える効果は、リスクの高い世帯ほどその効果が高かった。
④ 非認知能力の高い子どもほど、このプロジェクトの効果が大きかった。

その結論は、子どもの「非認知能力」を初めに高めておくことが、学力などの「認知能力」向上プログラムの効果を高める、つまり就学後の「認知能力」には就学前の「非認知能力」の育成が不可欠なこと、子どもの貧困対策予防には、教育機関とともに、非認知能力を培う家庭や親、地域の役割に注目する必要があるという結果であった[3]。

非認知能力とはなにか

IQ（Intelligence Quotient）に代表される測定可能な認知能力に対して、自己や他者の感情を知覚して自分の感情をコントロールする心の知能指数であるEQ（Emotional Intelligence Quotient）が注目された時期があった。しかし最近のOECD調査では、気質や性格特性などを基礎にして形成される社会情動的スキル（Social and Emotional Skills）である「非認知能力（Non-Cognitive Skills）」という概念が使用されている。簡単に言えば「生きる力」に近い幅広い能力であるといわれる。

社会情動的スキルや非認知能力は、適切な教育や訓練によって鍛えることが可能な後天的に発達する能力であり、幼児期から青年期の長い過程で育まれる。

とくに幼児期に育むことが将来のスキル発達の基礎となり、幼少期の環境の改善は個人的な非認知能力や社会的スキルに影響するばかりでなく、将来の社会的行動に肯定的な効果をもたらし、社会的コストの削減に貢献する能力であるとされる。

社会情動的スキルは、生産性（個人と社会の幸福に貢献する能力）、測定可能性（客観的に測れる能力）、成長可能性（学習によって変化する能力）からなり、その内容は「目標の達成」「他者との協力」「情動の制御・管理」の３点から捉えられている。

忍耐力や自己抑制・目標への情熱などが「目標の達成」に向かう力、社交性や敬意・思いやりなどが「他者と協力」する力、自尊心や自信・熟慮性などに関連する能力が「情動を制御・管理」する力とされる。なかでも、生きる力の中心となる意欲・自制心・やり抜く力などの「意思の強さ」、協調性・思いやり・リーダーシップなどの「社会性」、状況の把握や適切な対応力などの「環境適応力」が強調されている[4]。

非認知能力の開発は就学前教育の時期が重要であるとされるが、認知能力のように教え込んで発達する能力ではなく、環境との相互作用を通しての人との出会いや経験の質に影響されやすい能力でもある。したがって、家庭での親や保育所・幼稚園での保育者との生活環境の中でもたらされる関係性やしつけの質、適切な教育プログラムなどの幅広い実践が影響してくる。

第２章で述べたように、日本でも2018年からの保育・教育要領の改定において、幼児教育において育みたい能力や資質を「幼児期の終わりまでに育ってほしい姿」として、①健康な心と体　②自立心　③協同性　④道徳性・規範意識の芽生え　⑤社会生活とのかかわり　⑥思考力の芽生え　⑦自然とのかかわり・生命尊重　⑧数量や図形、標識や文字などへの関心・感覚　⑨言葉による伝え合い　⑩豊かな感性と表現の10項目が挙げられている。

これは、幼児期の非認知能力の育成を就学後の認知能力へと連続させるための布石の一歩であろう。乳幼児期に育てた非認知能力・社会情動的スキルを基盤に幼児期の終わりまでに認知能力への芽生えを促し、就学後の学びにつなぐ取り組みはすでに始まっている。

第2節 幼児期・思春期・プレ成人期の追跡調査にみる自己像の発達

（1） 縦断調査研究の目的と方法

多くの教育調査が行われているが、同一の調査対象者を長期に追跡することによって、その教育効果や因果関係を証明した調査や研究は日本ではまだ少ない。ここで紹介するH教育振興財団で行なった研究は、そのささやかな成果の一つである。

H教育振興財団では、0歳～4歳児の幼児教室とその親のための両親教室を約40年にわたって運営してきた。教室に参加した親子に、その約14年後の思春期、約26年後のプレ成人期の時点で、質問紙と一部面接調査による追跡調査を実施した。

同一対象者の量的・質的調査の分析から、人生の土台となる幼少期の育ちとその後の発達（幼児期―思春期―プレ成人期）の関連を知ることによって、幼児期の発達課題と発達支援への手がかりを得ることを目的にした。

この研究の視点は以下の3つである。①幼児期の発達とその後の発達との連続性はあるか、②各発達段階での自我形成に影響する主要な要因はなにか、③人生の土台となる幼児期には発達の何を支援すべきなのか[5)6)]。

調査手続きと使用尺度

分析対象者は、幼児期1978年～84年（3歳）に1年間の親子教室に参加し、思春期1993年（12～18歳）、プレ成人期2007年（26～32歳）の3時点にわたる継続調査が可能だった修了生である。そのうち協力の得られた親子には面接調査も一部実施した。30年の調査期間に対象者の減少は避けられず、最終的には3時点継続対象者は79人（22％）であった。

使用する尺度は、幼児期の集団参加場面での母子分離の観察結果と、思春期・プレ成人期の自己像評定を測るコンピテンス尺度の2つである（図表3-1）。

図表 3-1　3 時点の継続調査の時期・調査内容・分析枠組

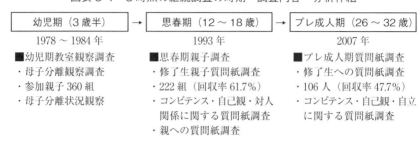

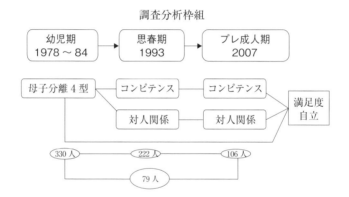

幼児期発達の指標 ― 母子分離 4 型

　親子別活動の時間がある教室では、親からの強制分離ではなく、幼児が自力で親から離れて集団参加する様子を観察している。初めて経験する集団参加は、母子分離と新奇な人や場面、事柄への自力での対応力が試される。母親からの自立力と他者への信頼感、場面に合わせた自己欲求の主張と抑制のバランス（自制心・自己調整力）、親以外の他者とのつながる力（協調性・思いやり・対人関係力）など、非認知能力の芽生えともいえる力が試される場面といえよう。

　週 1 回の親子教室場面で 1 年間に約 50 回、1 日約 2 時間の母子分離状態と子ども集団への参加の様子を観察し、研究者と保育者計 6 人が毎週一定の基準で評定し合議の上、評価基準に沿って 5 段階評価した結果である。

　母子分離を支える力は多様であるが、物理的距離（教室参加時の母子間の距

図表3-2 幼児教室参加時（3歳）の母子分離と自己統制の程度

4つの適応型	母子分離	集団内の自己表現	集団内の自己抑制
A1 型 25人	当初から分離	自己主張が可能	自己抑制が可能
A2 型 14人	当初から分離	自己主張が過剰	自己抑制が弱い
B 型 29人	徐々に分離	自己主張が弱い	自己抑制が強過ぎ
C 型 11人	分離が不安定	一人では不可	一人では不可

離）と心理的距離（集団参加時の自己主張と自己抑制・自己調整の程度・心身の安定度など）を中心に、母子分離の様子を4つの適応型に分類し、その特徴を記述した（図表3-2）。

A1型（分離安定型）： 当初より母子分離は安定、保育者や友達などの人間関係や保育場面、新奇場面や事柄への適応がスムーズで、困ったときは親に頼らず、自分でまたは保育者や他の親などへの援助を求めて解決していた。

A2型（分離トラブル型）： 親から離れることに問題はないが、他者や他児との関係が希薄で自己中心的行動からトラブルも多く、行動場面や保育内容に好き嫌いが激しく、一斉活動が苦手で、男児が多い傾向があった。

B型（分離安定化型）： 教室参加当初は不安定だが徐々に安定し、半年後には母子分離・幼児教室活動ともに安定した。自己主張が控えめで我慢することが多く、すぐには行動しないスロースターターの特徴があった。

C型（分離不安定型）： 母子分離が1年間安定せず、親以外との関わりが少なく、困難な状況では母親に頼る行動が多く、おとなしい女児が多い。

4つの適応型の男女数は図表3-3である。

図表3-3 幼児期母子分離の4型（人）

母子分離4型	A1型	A2型	B型	C型	計
男子	12	10	12	2	36
女子	13	4	17	9	43
計	25	14	29	11	79

思春期・プレ成人期発達の指標 ― 自己像コンピテンス評定

3時点の継続調査対象者79人のプレ成人期の属性を示す（図表3-4-1〜2）。

図表3-4-1　プレ成人期調査対象者属性

人数（%）

	人数	平均年齢	大卒以上	経済的自立	未婚割合	一人暮らし
男性	36 (46)	29.4	30 (83)	31 (86)	25 (70)	15 (43)
女性	43 (54)	28.4	30 (70)	28 (55)	23 (54)	5 (12)

図表3-4-2　プレ成人期調査対象者属性

人数（%）

型	人数・性（男：女）	思春期平均年齢	プレ成人期平均年齢	大卒以上	経済的自立	未婚割合	一人暮らし
A1	25 (12：13)	16.5	28.8	18 (72)	16 (64)	15 (60)	6 (24)
A2	14 (10： 4)	19.7	29.9	10 (71)	13 (92)	9 (64)	5 (36)
B	29 (12：17)	17.2	28.7	23 (79)	23 (79)	18 (62)	6 (21)
C	11 (2： 9)	15.8	28.5	9 (82)	7 (64)	6 (55)	3 (27)
計	79 (36：43)	17.2	28.9	60 (76)	59 (75)	48 (61)	20 (25)

　思春期とプレ成人期の自己像を測る指標としてコンピテンス（Competence）概念を使用した。コンピテンスは「自己と環境との効率的・効果的相互作用をする能力」と定義されるが、ここでは「自己と環境との相互調整力、環境変化への能動的な対応力」を示す概念として用いた。

　コンピテンス自己評価項目の作成は、米日の青年期自己評定尺度を参考に、思春期32項目、プレ成人期38項目を作成し、両時期の同一質問、ないしは同一内容になるよう項目を調整した25項目について、4段階回答を求めた。数値が偏った6項目を除く19項目について関連ある項目同士に分けるために統計分析（因子分析）したところ、4つの質的まとまりを得たので、それぞれの因子に名前を付けた（図表3-5）[7) 8)]。

　自我像評定尺度である4つのコンピテンス（Competence）を、F1「良好な対人関係」、F2「自己決定・自己責任感」、F3「自他調整力」、F4「自我の強さ」と名付けたが、前述した非認知能力に近い内容項目が含まれている。

図表3-5　4つのコンピテンス因子項目　思春期項目（プレ成人期項目）

F1因子：良好な対人関係（人間関係を楽しめる力）	
・誰かと付き合うことは楽しい（人付き合いがよい）	・ユーモア感覚がある（私はユーモアがある）
・親しい人間関係を作るのが上手（皆から好かれる）	・友人がたくさんいる方（たくさん友達がいる）
・心を打ち明けて話せる親友がいる（親友ができる）	・仲のよい親子である（親子仲がよい）
F2因子：自己決定・自己責任感（社会生活上の自己管理・自己責任に関する力）	
・約束や期限を守る　（約束）	・自分のしたことに責任を持つ（責任）
・社会の決まりを守る方である　（決まり）	・課題に興味を持って取り組む（課題興味）
・自分のことは自分で決める　（自己決定）	・自分の生活は自分で管理する（生活管理）
F3因子：自他調整力（自他間の調整力・課題達成力）	
・人の立場を考え、思いやりある行動をする（思いやり）	・物事を工夫してやり遂げる（工夫）
・自分勝手なことをせず、人と協力する（協力）	・諦めないで粘り強く取り組む（粘り）
F4因子：自我の強さ（自己主張・説明を求める自我の強さ）	
・納得がいかないときは説明を求める（説明）	・目標に向かって努力する
・人と意見が異なるときは自分の考えをはっきり述べる	・自己主張する

F1「良好な対人関係」には、「親近感」や「つながりを作る力」などの人間関係形成力が、F2「自己決定・自己責任感」には、心身を自己管理する能力が、F3「自他調整力」には、協調性・思いやりなどの「社会性」の能力が、F4「自我の強さ」には、自己主張・やり抜く力などの意思の強さに関する能力が含まれている。

（2）幼児期と思春期の発達に関連はあるか

　幼児期（3歳）の発達の姿は、思春期（中学生・高校生）の自己像評定と関連があるのだろうか。幼児期の母子分離4型別に、思春期の4つのコンピンスの自己評定値をグラフにすると、A1型が最も高く、B型・C型が中間にあり、A2型が低い結果であった（図表3-6）。

　幼児期の母子分離4型の思春期のコンピテンス自己評定値に意味ある差異があるかを統計的に検討した（図表3-7）。

図表3-6　思春期4型のコンピテンス4因子得点

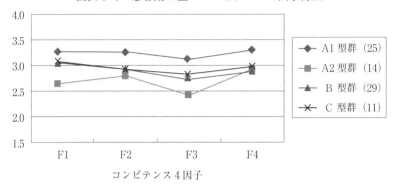

図表3-7　母子分離4型別　思春期コンピテンス比較（分散分析、LSD法）

コンピテンス因子	多重比較	F (3, 76)	有意確率
F1：良好な対人関係	A1・B ＞ A2	3.54	*
F2：自己決定・責任感	A1 ＞ A2・B	3.00	*
F3：自他調整力	A1 ＞ A2・B	5.32	*
F4：自我の強さ	A1 ＞ B	2.79	*

（*p<.05　＞有意差あり．・差なし、数値省略）

その結果、幼児期の母子分離4型の思春期の発達特徴は次のようになった。

A1型（安定分離型）　4つの全コンピテンスで他の3つの型よりも高く、**発達が思春期に達成されている。**

A2型（トラブル分離型）　**F4（自我の強さ）以外のすべてのコンピテンスが他群より低い。** F2（自己決定・責任感）ではB型・C型と共通点があるが、A1型の発達には及ばない。

B型（分離安定化型）　F2（自己決定・責任感）、F3（自他調整力）、F4（自我の強さ）でA1型との差異が大きい。思春期にはA2型との共通点があり、A1とA2の中間にある。

C型（不安定分離型）　B型に近値を示すが、**他型との特徴的な差異がない。**

（3） 幼児期とプレ成人期の発達に関連はあるか

幼児期の母子分離4群は、プレ成人期の自己像評定と関連があるだろうか。幼児期の母子分離4群のプレ成人期のコンピテンス評定値をグラフ化にした（図表3-8）。

プレ成人期は思春期とほぼ同じ傾向であり、A1型が高く、中間にあったB型・C型はやや A1型に近づき、A2型は他型との差が拡大した。

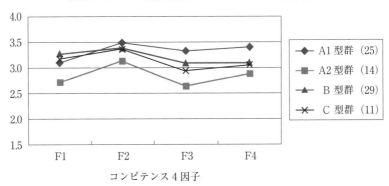

図表 3-8　プレ成人期型のコンピテンス4因子得点

次に、幼児期の母子分離4型別のプレ成人期のコピテンス自己評定値に意味ある差異があるかを比較した（図表 3-9）。

図表 3-9　母子分離4型別プレ成人期コンピテンス比較（分散分析、LSD法）

コンピテンス因子	プレ成人期		
	多重比較	$F\ (3, 76)$	有意確率
F1：良好な対人関係	A1・B・C ＞ A2	5.27	＊
F2：自己決定・責任感	A1 ＞ B・C ＞ A2	3.00	＊
F3：自他調整力	B・A1　　＞ A2	11.98	＊
F4：自我の強さ	A1　　　＞ A2	2.38	＊

（＊$p<.05$　＞有意差あり．・差なし）

その結果、幼児期の母子分離4型のプレ成人期の発達特徴は以下になった。

A1型：プレ成人期には、すべてのコンピテンス、なかでもF2（自己決定・責任感）が他型より高く、思春期の発達がプレ成人期に継続中。
A2型：すべての値で他3型よりも低く、思春期からの発達の危機が継続中。
B型：F2（自己決定・責任感）を除き、A1型との差はほぼ消滅し、発達の成熟がみられる。
C型：プレ成人期もB型に近く、F1（良好な対人関係）、F2（自己決定・責任感）でA2型と差があるが、思春期からの大きな変化がない。

（4）思春期とプレ成人期間の発達速度の違い

さらに、幼児期の母子分離4型別に、思春期からプレ成人期の14年間の発達速度の差を比較した。（図表3-10）

図表3-10　母子分離4型別思春期―プレ成人期間のコンピテンス変化（t値）

	A1型（25）	A2型（14）	B型（29）	C型（11）
	思春期＜成人期	思春期＜成人期	思春期＜成人期	思春期＜成人期
F1	－	－	2.88**	－
F2	1.93†	2.42*	4.77***	2.12†
F3	2.57*	－	3.12**	－
F4	－	－	1.78†	－

(**p<.01,　*<.05,　†p<.10,　－差なし)

幼児期4型別の思春期とプレ成人期間の発達速度の特徴は、以下であった。

A1型：F1（良好な対人関係）での変化はなし、F3（自他の調整力）で成長あり。
A2型：F2（自己決定・責任感）で成長、他の3分野での成長変化はない。
B型：F1・F2・F3の3分野で成長が大きく、思春期―プレ成人期間の成長が最も著しい。
C型：思春期―プレ成人期間の成長の4分野すべてで、大きな変化はない。

（5） 思春期・プレ成人期の「認知能力」に差はあるか

　幼児期の育ちと思春期・プレ成人期の「認知能力の発達」には関連はあるのだろうか。本調査の認知能力に関する項目は、思春期調査では「自分は勉強ができる」「良い学校に合格することが目的である」の２項目、プレ成人期調査では、「友達に劣らず、自分は賢いと思う」「自分は理性的で有能だと思う」の２項目であった。認知能力に関する項目は、両時期ともに自己像評定の一つのまとまり（因子）として成立しなかったので、項目ごとに比較した。

　その結果、いずれも統計的な差異は見出されなかった。つまり、幼児期の非認知能力の一つであると思われる母子分離能力と、思春期・プレ成人期の認知能力の自己評定とに関連は見いだせなかった。

第３節　ケース分析 ― 幼児期・思春期・プレ成人期の発達の特徴

（1）　３歳〜30歳ころまでの５時期の発達像

　各時期の発達変化の要因を明らかにするために、５つの時期のケース分析も行った。ケース分析対象は、①幼児教室３歳時期、②幼稚園入園時期、③小学校５年生、④思春期（12〜18歳）、⑤プレ成人期（26歳〜32歳）の５時点で、質問紙ないしは面接調査のデータがそろった13ケース、A1型４人（男２、女２）、A2型４人（男３、女１）、B型４人（男２、女２）、C型１人（女１）である[9), 10)]。

　使用した質的データは、①幼児教室での母子分離と集団保育への適応の評価、②幼稚園入園時（園への適応過程・先生や友達関係の特徴などを母親に質問紙調査）、③小学５年生時（先生との関係・勉強への意欲・遊びと友達関係などの学校適応）と親子関係についての母子への質問紙調査）、④思春期と⑤プレ成人期のコンピテンスに関する調査、これまでの転機体験や将来の進路に関する面接調査結果である。

　各ケースを個別に見ていくと、幼児期母子分離の４型には重なる特徴を示すケースもあった。母子分離に問題がないA1型にも「バランス型」（自己主張型と自己抑制の調整ができる）と自己主張が強い「自己主張型」が、A2型に

も自己主張が強く自己抑制が弱い「トラブル型」と自己主張をしない「寡黙型」がいた。B型、C型は共に自己抑制が強く、環境変化に過敏過ぎると「不安抑制型」に、鈍感だと「マイペース型」になるケースが多かった。

ケース分析からみた4型の幼児期 — 思春期 — プレ成人期の発達特徴をまとめると次のように分類された。

1) A1型 — 発達が連続した早期自立・成熟達成型

幼児期　入所当初から母子分離し、幼児教室活動参加も安定し、保育者や友達との新しい人間関係や保育場面、新奇な人や場面、事柄への適応がスムーズで、保育者や他の親への助けを求めて問題解決できる。

思春期　コンピテンスすべてで他の3型よりも高く、発達が思春期に達成されている。親子関係は、親子の仲がよいと思うが、母親離れが進み父子の接近がみられる。

プレ成人期　すべてのコンピテンス、とくにF2(自己決定・自己責任感)が高く、思春期の発達がプレ成人期に引き継がれている。人生や仕事、友人関係の満足度が有意に高い。

事例から見たA1型 — バランス型と自己主張型（図表13-11)

●A1型；事例分析　4人（「バランス型」3人,「自己主張型」1人）
① 3歳児期　自己表出パターンには、「バランス型」（言葉と行動で自己調整でき周囲との葛藤がない）と「自己主張型」（わがままや飽きっぽさから自己コントロールが弱く、周囲との葛藤がある）がある。**「バランス型」が「自己主張型」よりも多い。**
② 幼稚園　コミュニケーションの良さが先生や友達関係の安定につながる。「バランス型」は先生に甘えて幼稚園への適応がよく、「自己主張型」は先生との間に距離がある。
③ 小学校　「バランス型」は運動好きで大勢の友達と遊ぶ。リーダー的で先生との接触が多く、**勉強好きで学校適応がよく、**トラブルがあっても先生や友達の援助で解消できる。「自己主張型」は、運動好きで

友達も多いが、自己主張が強く我慢できないためにいじめや孤立を招くこともあり、先生の言うことに従順でない。

④ 思春期 「バランス型」はコンピテンスが安定して発達し、「自己主張型」はF1、F3で低く、思春期特有の友達関係のトラブルが起きている。自己観（自尊感情や自信の程度）は高い（H）、または中程度（M）。

⑤ プレ成人期 「バランス型」は全コンピテンスが発達し自己観も安定し、「自己主張型」はF1が低く、自立感がやや低い。自己観（自尊感情や自信）は中程度（M）。

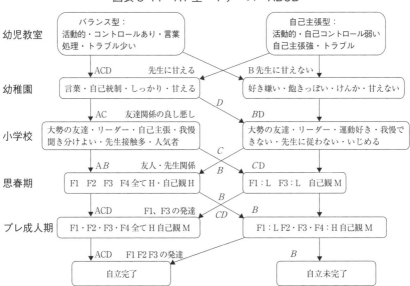

図表3-11　A1型　4ケース　ABCD

2) A2型—幼児期から人間関係で躓きやすい発達停滞型

幼児期　母子分離はできるが他児との関係が希薄で、行動場面や保育内容に好き嫌いがあり一斉活動が苦手な男児が多い傾向がある。自己中心的な行動からのトラブルも多く、大人の指示に従いにくい子が多い。

| 思春期 | F4（自我の強さ）以外の全コンピテンスが他群より低い。F2（自己決定・責任感）でB型・C型と共通点があるが、A1型の発達には及ばない。「親の言うことをよく聞く」「親子の仲がよいと思う」など親子関係の評価が低く、「自分の意見や考えを押し付けようとする」母父に対する子どもの不満が高い。

| プレ成人期 | F2（自己決定・自己責任感）での成長がみられるが、他の3分野での成長変化はない。全分野で他の3型よりも自己評価が低く、思春期から発達の危機が継続している。思春期同様、親子間の満足感や親評価も低く、仕事や人生、友人関係などの満足度が他の型に比べて有意に低い。

事例から見たA2型 ― トラブル型と寡黙型（図表13-12）

● A2型事例分析　4人（「トラブル型」3人「寡黙型」1人）

① 3歳児期　自己主張は強いが我慢力が弱く、言葉での表現が下手で攻撃性があるために周囲との葛藤を起こす「トラブル型」、大人しく目立たず内向的な「寡黙型」がある。

② 幼稚園　「トラブル型」は飽きっぽくわがままで喧嘩が多いが、幼稚園適応に問題はない。「寡黙型」は好き嫌いが激しく、不安から先生に依存したいができないために登園しぶりもみられる。

③ 小学校　ともに学校適応はよくない。「トラブル型」は活発で目立ちたがりでいじめっ子になりやすく、先生に叱られることが多く、対人関係の悪さから学校適応にやや躓く。「寡黙型」はいじめられっ子経験があり、学校嫌いになりやすい。

④ 思春期　両型ともにF3、F4が低く、自己表出や自他の調整力が未熟である。「トラブル型」はF1（親しい人間関係）の低さが問題につながりやすい。自己観（自尊感情や自信の程度）は、高（H）と低（L）が半々。

⑤ プレ成人期　F2、F3、F4（自他の調整・環境適応）の発達が課題になるが、F1が高いと自立感が高くなるようだ。自己観（自尊感情や自信の程度）は低い（L）。

図表3-12　A2型　4ケース　EFGH

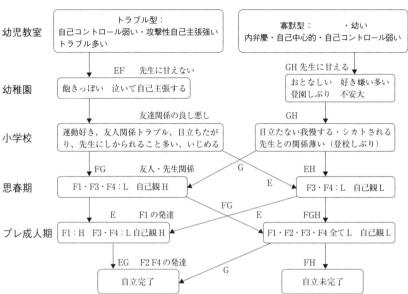

3) B型 ― ゆっくり確実に成熟し満足感が高い堅実型

|幼児期| 参加当初は不安定だが、ゆっくりと半年後には母子分離・幼児教室活動ともに安定する。自己主張が控えめで**我慢することが多く**、すぐには行動しない**スロースターター**の特徴があった。

|思春期| F2（自己決定・責任感）、F3（自他調整力）、F4（自我の強さ）でA1型との差は大きく、**思春期にはA2型との共通点があり、A1とA2の中間にある。**父母がともに「自分の意見を尊重してくれる」と思う反面、思春期特有の父母との距離間ある関わりをしている。

|プレ成人期| F1・F2・F3の3分野での成長があり、**思春期 ― プレ成人期間の成長が最も著しい。**F2（自己決定・責任感）を除きA1型との差はほぼ消滅、人生や仕事、友人関係、親子関係の満足感も高い。

事例から見たB型 ― マイペース型と不安型（図表3-13）

●B型事例分析　4人（「マイペース型」3人、「不安抑制型」1人）

① 3歳児期　その共通点は自己主張・表出力が弱い（人見知りで内弁慶、寡黙でトラブルにあうと泣く）ことだが、「マイペース型」と「不安抑制型」に分けられる。

② 幼稚園　両型ともに入園当初の不安や登園しぶりがあり、新しい環境への適応に不安を感じて不安定になる。

③ 小学校　両型ともに入学当初に不安定な時期がある。勉強好きで外遊びが苦手、友達は少数で固定し、先生との関係の良し悪しが学校適応を左右する。「マイペース型」は役割を付与されるとリーダーになる場合がある。

④ 思春期　「マイペース型」は思春期のコンピテンスのすべてが平均以上で、自己観も高い。「不安型」は多くの思春期コンピテンスが平均以下で、自己観（自尊感情や自信の程度）も低い（L）。

⑤ プレ成人期　「マイペース型」は4因子すべてが平均以上になり、自立感はあるが、自己観は低い。「不安型」はF3、F4、自己観（自尊感情や自信の程度）ともに低く、自立感も低い。

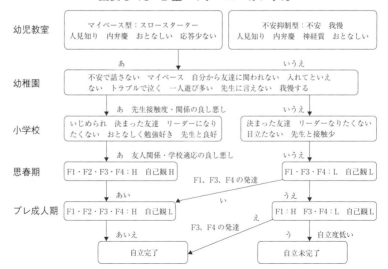

図表3-13　B型　4ケース　あいうえ

4) C型 ― 自立心は低いが親子満足度が高い友達親子型

幼児期 母子分離が１年間安定せず、親以外の人への自己主張ができず、困難な状況は母親に頼る行動が多いおとなしい女児が多かった。

思春期 B型に近値を示すが、他の型との特徴的な差異が見られない。C型は引き続き親子仲が良く、母親との距離が近く父親との葛藤もない。

プレ成人期 思春期―プレ成人期間の成長が４分野すべてで有意な変化がない。プレ成人期もB型に近いが、A2型よりもF1（良好な対人関係）で安定している。思春期以降の発達に大きな変化はないが、マイペースで自己満足感は高い。親子関係は相互に安定しており、精神的自立が未熟なことが課題である。

事例から見たC型「マイペース型」（図表3-14）

●C型事例分析　１人（「マイペース型」女１人）

① **３歳児期**　自己表出の弱い「マイペース型」で、言動が生活年齢よりも幼い。

② **幼稚園**　幼稚園で２、３か月までの登園しぶりがある。

③ **小学校**　入学後も最初に不安定な時期がある。友達は少数、先生の援助で集団適応が促進されている。

④ **思春期**　コンピテンス４因子はすべてが平均以下で、とくにF3（自他の調整力）が低く自己中心的行動が残っており、自己観（自尊感情や自信の程度）は低い（L）。

⑤ **プレ成人期**　全因子が平均点以上になり、自己観も急成長しているが、女子であるためか精神的自立感はなお低いが、自己観（自尊感情や自信の程度）は高い（H）。

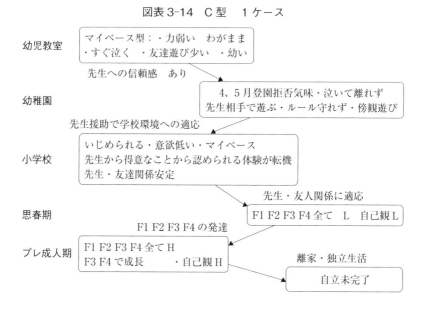

図表3-14　C型　1ケース

第4節　幼児期・思春期・プレ成人期の連続性と変化

幼児期とその後の発達との連続性

　幼児期の母子分離型は、その後の発達の速度や発達課題達成時期に関連があるのだろうか。幼児期母子分離4群の自己形成の姿は、幼児期の集団適応への影響は大きいが、思春期以降の発達の速度や内容には個性が見られ、その影響も一様ではない。

　思春期の自己像評価では、A1型はA2・B型よりもが有意に高いが、プレ成人期にはB型との差は消えていた。C型はプレ成人期のF1（良好な対人関係）ではA2型よりも高く、自己像評価に成長は見られないが、とくに問題を感じていない。A2型は思春期以降、すべての因子で有意に低く、自己像形成に悩んでいた。

　幼児期とその後の発達との連続性について質的分析とケース研究を統合すると、A1型は連続した早期成熟型、B型はプレ成人期までに徐々に成熟する

晩熟成長型、C型は自己像の発達に大きな変化は見られず、A2型は危機が継続した発達停滞型となった。幼児期とその後の発達との連続性に関していえば、A1型・A2型・C型にははっきりとした連続性があり、B型には緩やかな連続性があるという結果となった。

母子分離A1型：幼児期の適応に大きな危機はなく、思春期までに自己像がほぼ形成され、思春期 ― プレ成人期間の変化も安定。幼児期との連続性がある早期成熟型。

母子分離A2型：幼児期から周囲との葛藤が多く、思春期には全ての自己評価が低く、思春期 ― プレ成人期間の変化も少なく、自己観や自立感がともに低い。プレ成人期に至る発達停滞型で、男性が多い。

母子分離B型：幼児期から我慢する経験が多く、先生との関係の良し悪しが学校適応に関連し、小学校適応がよい子は思春期の自己像が上昇。思春期 ― プレ成人期間の成長変化が大きい晩熟成長型。

母子分離C型：幼児期には先生からの意図的介入が不可欠で、その援助があれば良好な対人関係が発達。この傾向は思春期以降も続き、幼児期からの幼さが残り、思春期 ― プレ成人期間の成長変化は少なく、他の型よりも精神的自立感が低く、女性が多い。

各発達段階の自己像に影響する主要因

　幼い時期ほど、環境変化に対応できる子どもは母子分離が容易になり、環境変化に敏感な子や適応が難しい子ほど困難になりやすい。この傾向は成長とともに減少するが、園や学校での先生や友達との関わりへの適応経験がF1（良好な対人関係）コンピテンスの発達の基盤になり、思春期以降の社会的適応を支える鍵になっている。

　思春期までには、F1（良好な対人関係）とF4（自我の強さ）の発達が促進され、思春期からプレ成人期にかけて、F2（自己決定・責任感）とF3（自他調整力）の発達が重要になり、それらが統合されて安定した自己形成につながり、成人期以降の自立への基盤が形成されると予想される。

幼児期には母子分離型の影響は大きいが、思春期以降は環境適応能力であるコンピテンスの影響が強まり、プレ成人期の自立へとつながっていた。幼児期からプレ成人期までの発達を支える最大の要因は、良好な人間関係を形成するコンピテンスであり、自己像評価の基盤となっていると考えられた。

幼児期の母子分離型は、環境適応力の個人差

　幼児期母子分離は、「幼児が環境適応に際して現す自己調整の型であり、それが母子間の距離に反映した現象」であると考えられる。それは、環境適応力の個人差が母親との心身の距離に反映された現象であり、環境変化に対して自己主張ができれば分離型に、強い不安や自己抑制があると不分離や不安定分離になりやすいように思われる。

　母子分離は、新奇な人、場面の刺激への反応の仕方、環境への適応の仕方である心理学における「気質」の影響も多い。気質研究における「取り扱いが容易な子」（easy child）はA1型、「スロースターター」（slow starter）はB型やC型に、「難しい子」（difficult child）はA2型に近いと予想される。つまり、子どもがもつ生得的な環境適応力の表現形であるともいえよう。

　母子分離は幼児期の自立を測る目に見える指標の一つであるが、その可否だけが問題なのではない。そこから、長期的視野からみた幼児の環境適応力や発達の個人差を見通す眼を養うことが、幼児期の保育や子どもの発達支援につながっていく。子どもが早期から集団に参加する今日、保育に携わる大人たちは、子どもの多様な自己表出の仕方を受け止め、甘える力、頼る力を良好な人間関係に結びつけて集団適応を促し、幼児の個性と発達段階に応じた発達支援の環境整備や保育方法を模索する必要がある。とくに、A2型に見られるような集団適応が難しい子ども（気になる子ども）への早期からの有効な指導方法が求められる。

　発達の連続性や変化に影響した主要因は「環境適応力」という総合的な非認知能力であり、なかでも対人関係力の発達であると思われる。幼児期の保育・教育の目標が、認知能力そのものよりもその土台となる非認知能力の育成に向けられ始めていることは重要な視点である。しかし、非認知能力は意図的な保

育・教育だけではなく、日々の家庭や仲間との長い時間の中で、人や出来事との関わり体験から育つ側面が大きい。それだけに、家庭環境や親の子育て観や教育観の影響が大きく、家庭の教育格差を反映しやすい能力といえよう。

●第3章のまとめ

　幼児期、思春期、プレ成人期の発達の連続性と変化の縦断調査の結果、子どもの発達には個性があるが、自己形成には非認知能力の一つである環境適応力、なかでも人間関係力の影響が大きいようだ。

　幼児期に自己調整力という非認知能力を発達させたA1型は、思春期までの比較的早期に自己形成を完了し、自己信頼感が高く、親子関係にも適当な距離があった。発達が比較的緩やかなB型は、時間をかけて非認知能力を発達させ、プレ成人期までに自己形成が安定し、緩やかな親子関係が継続されていた。幼児期の自己調整が難しかったA2型は、児童期や思春期のみならずプレ成人期にも自己評価や自己信頼感が低く、非認知能力形成が不安定な状態が続いており、親子関係にも葛藤がみられた。C型は、児童期や思春期のみならずプレ成人期にも自己形成の発達に変化は少ないが、自己信頼感は安定しており、自立感は低いが友達親子関係に親子とも満足していた。少子高齢化社会に向けて、B型やC型などの穏やかな自己形成を志向する親子の生き方が増加するのではないかと思われる。

参考文献

1) OECD編　2011　星・首藤・大和訳『OECD保育白書――人生の初めこそ力強く：乳幼児期の教育とケア（EFEC）の国際比較』明石書店
2) James, J, Heckmank, 2013『Giving Kids a Fair Chance』古草訳　2015『幼児教育の経済学』東洋経済新報社
3) 日本財団子どもの貧困対策チーム　2016『子供の貧困が日本を滅ぼす』文春新書
4) 代表遠藤利彦　2017/3「非認知的（社会情動的）能力の発達と科学的検討手法に関する報告」平成27年プロジェクト研究報告書 OECD/2015『Skills for Progress: The Power of Social and Emotional Skills』無藤隆・秋田喜代美監訳　ベネッセ教育総合研究所　2018『社会的情動スキル』明石書店
5) 中野由美子　2008「幼児期の発達とその後の変化3――幼児期・思春期・プレ成人期の縦断調査から」家庭教育研究所紀要30

6) 中野由美子 2010「幼児期の発達とその後の変化4 ― 幼児期母子分離と思春期 プレ成人期のコンピテンス ― 追跡調査結果と事例分析から ― 」家庭教育研究所紀要32
7) 清水弘司・中野由美子・土谷みち子・加藤邦子 1996「幼児期の発達とその後の変化2」家庭教育研究所紀要18
8) 清水弘司 1999「幼児期の母子分離型と青年期の自己像:連続性と転機の検討」発達心理学研究10巻第1号 (1-10)
9) 中野由美子 1981 「修了生の幼稚園への適応」家庭教育研究所紀要2
10) 中野由美子 1987「修了生追跡調査:5年生の発達像に見られる性差と幼児期の育ちの影響」家庭教育研究所紀要8

第4章
初めの3年間の子どもの発達と父子関係

　本章では、第二養育者である父親が、幼児の発達や母親からの自立、夫婦や親子の関係に与える影響について考える。

　日々の生活の中で父親が幼児との関わりを深めると、幼児（3歳児）のどの側面にどのような効果があるのか、母子間の距離を調整し子どもの自立を促す父親の存在や役割をデータから検証する。家族内での父親存在を可視化する現象の一つとして家族の就寝形態（寝方）に注目し、就寝時の父親の居場所が家族関係（夫婦・母子・父子関係）と幼児の発達に与える影響をデータによって確認する。

第1節　父親参加が3歳児の発達に与える影響

　1999年に厚生省（現・厚生労働省）が制作した「育児をしない男を、父とは呼ばない」は、父親の子育て参加を促す画期的なポスターであった。それから18年、育児参加に積極的な父親をイクメンと呼び、イクメンを支援するためには、父親の上司である「イクボス」養成こそがカギであるともいわれる。最近ではさらに「家事をしない父をイクメンとはよばない」と言われ、育児を夫婦のどちらかが

一人で抱えこむワンオペ育児ではなく、育児と家事を夫婦で分担する子育てが当然となりつつある。

ごく最近、「0～2歳児はママがいいに決まっている。男も育児と格好いいことをいっても子どもには迷惑な話」との政治家の発言が話題になった。しかし、少子化の中で、日本の父親の育児参加は諸外国に比べて格段に少なく、父親の子育て参加時間が2人目の出産を左右する大きな要因であるという結果も出ている。父親の子育てストレス（ダディーストレス）の増加に抗して、父親たちが幼い子どもに関心をもち、子どもの育ちに父親参加の効果を感じて効力感を得るためには、母親に対してと同様、親子の時間の確保や保育支援を含めたチーム育児が求められる。

幼児の発達への父親の影響を確かめる

第二養育者としての父親役割は、遊び相手と風呂に入れる人というイメージが強い。しかし、初めの3年間の子どもにとっての父親は、子どもに関心をもって関わる相互作用を通して子どもの発達全般を促し、同時に母子の世界を広げ外界への橋渡しをする存在といえる。父親の子育て参加は、母親の子育て負担や不安を軽減し夫婦間の精神的な絆を強め、父親自身の効力感や生活の充実感につながるという研究結果が多い[1]。

H教育研究所の親教室では40年前から、母親の要望で始まった父子教室を毎年実施し、父親自身の目で集団内でのわが子の様子を見て父子関係を再確認する活動や、父親同士の懇談会を通して、父親としての自分や両親の役割について語り合う機会を設けてきた。話し合いの材料の一つは、事前に実施した父親アンケート調査結果である。

ここでは、親子教室に参加した幼児とその父親（134組・1989年～1992年）を対象に、父親参加が3歳までの発達に与える効果について確かめてみた[2]。

図表4-1　対象児の属性　(人)

性別 (人)		出生順位			
男	女	一人	長子	中間子	末子
73	61	46	45	6	37

3歳児の発達評定と父親調査の内容

子どもが3歳6か月になった時期に、子どもの集団保育場面の様子を発達の6領域（情緒性・自発性・運動性・認知性・言語性・社会性）18項目について、保育者4名と研究者2名が合議し5段階評定したデータを用いる（調査項目の詳細は第2章を参照）。

父親に記入してもらう調査の内容は、①父親の生活実態（仕事と家庭生活）②父子関わり行動の5領域（遊び行動・接近行動・世話行動・規制行動・知的刺激行動）③父親意識（父親役割感）④父親の性別役割観（男性意識・父親意識）であり、4段階の自己評定を求めた。

発達の早い3歳児と遅い3歳児の父子関係

3歳児教室での子どもの言動には、家庭における父親の存在が垣間見える。父親になりたがって演じる子、父親の言動が頻繁に出てくる子、父親との出来事を先生や友達に話そうとする子、なかにはまったく父親が登場しない子もいる。子どもの遊びの中に父親が登場するか、どのような父親として登場するかは、家庭での父親の在り方が反映されていると感じることも多い。

同じ3歳6か月でも、発達の早い子と遅い子の育ちの違いが大きいことが、父子関わりに興味を持つきっかけであった。そこで、発達総合点が70%を超える群を発達高群（19人）、40%以下を発達低群（19人）に分け、両群の父子関わりを比較した。

発達高群は、母親を含む大人の介入なしに仲間と活動し、見立てやつもり遊びを言葉や操作的な行動によって表現するなど、集団参加への準備性が育っている幼児である。発達低群は、母親を含む大人の介入が不可欠で、見立てやつもり遊びを言葉や行動によって表現する力が未発達な段階の子どもである。

3歳児の発達と父子関わりとの関連

発達高群と発達低群の父子関わりを統計分析した結果、父親の「遊び行動」は子どもの「言語性」の発達差を生み出し、「認知性」「社会性」「発達総合点」とも関連する傾向が見られた。父親の自発的な子どもへの「接近行動」は、「自

図表4-2　幼児の発達領域と父子関わり（発達高・低群の父子関わり得点差の検定）

父親関わり	発達差	子どもの発達領域						
		情緒性	自発性	運動性	認知性	言語性	社会性	総合点
遊び行動	発達高群	8.90	8.90	8.84	9.17†	9.52*	9.52†	9.31†
	発達低群	8.84	8.31	8.52	8.41	7.90	8.42	8.26
接近行動	発達高群	8.09	8.06*	7.92	7.85	8.09	7.68	7.89
	発達低群	7.65	7.48	7.55	7.57	7.62	7.56	7.68

(*p<0.05, †p<0.10　無印：有意差なし)

発性」の発達差と関連していた（図表4-2）。

　父親の関わりの具体的項目を見ると、「身体を使った父子遊び」が子どもの情緒性や自発性を高め、「父親が休日に子どもとの遊びを楽しむ」姿勢が、子どもの「認知性」「言語性」「社会性」「総合的発達」を促す効果があった。「子どもの世話」を優先する父親行動は、子どもの「認知性」「言語性」の発達に、父親の「規制行動」は、子どもの「自発性」「言語性」を促す効果が見られた。

　父子関わりは身体遊びに始まり、子どもの世話をする生活の中で言葉や行動によるしつけや規制を行うことによって、物事の認知や言語化、他者との関係を自己抑制する力の習得に貢献しているのであろう（図表4-3）。

図表4-3　3歳児の発達と父子関わり（発達高低群の父子関わり内容差の検定）

父親関わり	下位項目	幼児の発達領域						
		情緒性	自発性	運動性	認知性	言語性	社会性	総合点
遊び行動	休日に子どもとの遊びを楽しむ				**	**	**	**
	身体を使った遊びをする	*	**					
接近行動	子どもを懐かせる行動をする		†					
世話行動	子どもの世話を優先して行う				*	**	†	†
規制行動	子どものいいなりにならない		*			*		†
	してはいけないことを教える		*					
知的行動	子どもの疑問につき合う							

(**p<0.01, *p<0.05, †p<0.10, 無印：有意差なし)

3歳児の発達と父親意識・父親の生活実態

　発達高群と低群の父親について、父親役割意識や男性意識を比較したところ、その違いが子どもの発達や性別に関連があった。

　3歳児の父子関係は、父子が相互に規定しあう関係にある。発達高群は母子分離も安定し父親とよく遊び、父子関係を深めやすい。高群の父親は、子どもへの関心と「父親役割肯定感」が高く「父親役割否定感」が低く、それが子どもの「自発性」「認知性」「言語性」「総合的発達」にプラスに影響していた。

　反対に発達低群の子どもは母子分離も不安定で、母子から父子への橋渡しが十分でない段階にいる。父子ともに関係を深められない段階にいる低群の父親は、「父親役割肯定感」が低く「父親役割否定感」が高くなりがちで、運動性を除くすべての領域で子どもの発達にマイナスの影響を示した。

　父親は母親よりも、子どもの性別や父親自身の男性意識、父親役割感の違いによって関わりを変化させることが多く、男児には父親の「男性意識」が、女児には「父親役割肯定感」の影響が大きい。「男性意識」の強い父親は、父親役割肯定感は低くても男児への「接近行動」が多く、男児との「遊び行動」も多い。一方、父親役割肯定感が高い父親は男女児ともに関わろうとし、女児とも「接近行動」や「遊び行動」が多い傾向がある。

　また、父子の心理的距離を測る「子どもへの密着感」〈子どものために自分の行動を我慢するなど〉や「子どもの成長への関心」〈子どもが一人前になるのはうれしいなど〉が高い父親は、3歳児の「自発性」を高める効果があった。

　父子関わり行動のうち、父親の仕事の多忙さが影響する関わりの第1は「接近行動」であり、次に「遊び行動」「世話行動」であった。仕事より家庭中心の父親は、自分から子どもに接近して遊ぶ行動が多く、仕事中心の父親ほど「接近行動」が減少する。確かに仕事の忙しさは、父親から子どもへの関わりを物理的に減少させる最大要因であるが、接近行動以外の父子関わりは父親の意識的、心理的要因によって左右される面が大きかった[3]。

第2節　母子の距離を調節する父親役割

　幼児の集団参加には、親子の分離が求められる。最近では早期から集団参加場面を経験する子どもが増加し、親から離されることに抵抗を示す子どもが少なくなったといわれる。強制分離ではなく、母子双方が調整しながら分離を達成していく過程は、母子関係を表現する現象の一つである。しかし、母子分離は母子だけでなく、母親以外の家族や友達関係の影響も大きい。ここでは母子の距離を調整する役割をもつといわれる父子関係と母子分離の関連を検証する[4]。

母子分離の4段階
　分析対象は、家庭教育研究所の親子教室に参加した195組の父子である（1989～1992年）。親子教室参加時の母子分離は次のように行われる。
- 毎回2時間の前半30分は母子参加、その後の1時間30分は母子分離活動であり、強制ではなく、母子が自然な形で離れていく形である。
- 年間約50回の母子分離の様子は、保育者などの6名によって5段階評定し、母子分離型を確定した。3歳児の母子分離は起伏も多く、分類は簡単ではないが、ここでは分離度が明確な65ケースを以下の4群に分けた（図表4-4）。

図表4-4　母子分離4群の属性

母子分離4群	人数（％）	5段階平均分離度	入所年齢
①安定分離群	20人（10.3）	5.00	3歳3か月
②上昇分離群	14人（ 7.2）	4.00	2歳11.5か月
③不安定分離群	18人（ 9.2）	2.92	2歳11.5か月
④不分離群	13人（ 6.7）	1.70	2歳11.5か月
	65人（33.4）	3.55	3歳0.5か月

① 安定分離群（参加当初より安定している群）
② 上昇分離群（当初は不安定だが、時間経過とともに安定する群）
③ 不安定分離群（当初から不安定で、時間経過にかかわらず分離が安定しない群）
④ 不分離群（1年間、30分以上の母子分離をしなかった群）

母子分離度に影響する父子関わり

　母子分離は月齢との関連も大きい。①安定分離群は親子教室入所時に3歳を超えており、②上昇分離群、③不安定分離群、④不分離群とは3か月半の月齢差があった。子どもの月齢差が父子関わりの差異に反映したことは予想されるが、母子分離が不安定な②と③群と母子分離ができない④群との入所年齢は同じであり、月齢差だけの問題ではないと考えられる。

　母子分離の程度別に父子関わりを見ると、①安定分離群、②上昇分離群、③不安定分離群の3群間にはほとんど差はなく、これら3群と④不分離群との間で有意な差異が見られたことに意味がある。安定分離①群と比較すると、母子不分離④群の父子関わりは「遊び」「接近」「規制」「知的」行動領域で少なく、

図表4-5　母子分離4群の父子関わり内容の群間比較（平均値の差の検定）

父親関わり	下位項目	母子分離度　①②③④					
		①-②	②-③	②-④	①-③	③-④	①-④
遊び行動	休日に子どもとの遊びを楽しむ	*	**				**
	子どものレベルで遊ぶ						**
接近行動	平日に子との顔合わせに努める		**		*		
	母親ぬきで父子の接触する		**				*
	子どもを懐かせる行動をする					**	*
世話行動	おむつ・ミルクの世話をする						
	風呂・着替えに世話をする		**				
	子どもの世話を優先して行う		**				
規制行動	子どものいいなりにならない						
	してはいけないことを教える						*
知的行動	子どもの興味関心を広げる						
	子どもの疑問に付き合う		**				*
	できたことをほめる						

（** p＜0.01,　* p＜0.05,　無印：差なし）

②群―④群の比較では、「遊び」「接近」「世話」「知的」行動領域で少なく、③群―④群では、「接近」行動で差があった（図表4-5）。

　母子分離に関わる父子関わりは、父親から積極的に関わる「接近」行動に鍵があるようだ。③不安定分離群と④不分離群の差異は、父親からの子どもへの接近行動、つまり父親が積極的に接近する行動の有無が母子分離の程度に影響を与えている可能性が確かめられた。父親の接近行動は「遊び」に始まり、風呂などの「世話」行動へ、疑問に付き合うなどの「知的」コミュニケーション活動へとつながり、さらにしつけとしての「規制」行動へと広がっていくようである。

母子分離度に影響する父親意識

　父親の関わり行動は、子育て意識の違いによっても異なる。①②③群の父親は、〈父親になって気持ちに張りができた〉と父親役割を肯定的に感じていたが、④群の父親の父親役割肯定感は他の3群に比べて低かった。さらに、①②群よりも〈子育てが負担に感じられる〉ことが多いと答えている。母子分離ができない子どもの父親は、子育て負担感と同時に父親満足感を得にくい状態にあり、それが子どもとの関わりのマイナス効果を招いているともいえよう（図表4-6）。

図表4-6　母子分離と父親意識（母子分離度群間の父親意識内容差の検定）

父親意識		母子分離度①②③④					
	下位項目	①－②	②－③	②－④	①－③	③－④	①－④
密着感	子のためなら何でもするつもり						*
	子どもは分身						
自立感	子どもは思うようにならない						
	子どもには自分の人生を						
父親肯定感	父親になり人間的に成長した						
	父親になり気持ちに張りができた			*		**	**
父親否定感	子育ては負担であると感じる			*			*

(**p<0.01,　*p<0.05,　無印：有意差なし)

第3節　就寝形態（寝方）からみた父親の存在

（1）就寝形態は家族関係を可視化するものさし

　親になる以前の日本の夫婦はほとんどが同室寝、子どもが別室寝をする頃には大部分の夫婦がまた同室寝に戻る。子どもの誕生は、同室就寝の夫婦に、親子別室寝か同室寝か、同室寝の場合には夫婦のどこに子どもを寝かせるかを選択させ、子どもが増えるごとに、「誰の隣りに誰が寝るか」の配置決定を迫られる。つまり、家族の寝方の配置決定は、親子関係や夫婦関係、子どもの特徴などを反映した現象であると予想される。寝方は、家族関係を可視化するものさしの一つであり、家族関係や雰囲気を通して幼児期の子どもの発達に影響を及ぼす暗黙のルールでもある。

就寝形態は父親の位置で決まる？

　家族の基本的寝方が形成される2～3歳をもつ若年家族に注目すると、寝方の配置はどのように決まり、家族のどんな特徴を反映しているかが分かる。

　幼児を持つ日本の家族は、子ども一人はもちろん、二人の場合でも母子の90％以上が同床か隣接寝である。ベビーベッドで母子分離寝だった家族でも、もの心がつく頃には、母親の手の届く範囲内に子どもを寝かせる伝統的な寝方が主流になる。

　一方、就寝時の父子間には、同床、隣接に加えて、分離（間接）と別室寝の4パターンがある。そこで、日本の家族の寝方は「母子関係の親密さの重視とともに、家族間の距離が父親の位置に反映された現象である」と仮定し、就寝形態と夫婦、親子関係との関連を調べてみた。

家族の寝方は幼児の発達に影響する？

　家族の寝方は文化差を反映している。1983年に行った1歳児をもつ日米の母親調査では、大人との同室寝は、日本97％、アメリカ18％であった。アメリカでは夫婦は同床、就寝儀式に多くの時間とエネルギーをさき、子どもの自

立心を養うために早期からの個室就寝に努める。しかし、時代が変わっても一般的な日本人の行動様式は、乳幼児の個室就寝はわずかで母親の手の届く場所に幼児を寝かせる[5]。

独り寝をいつからさせるか、何歳で子どもに個室を与えればよいかが親の関心の的になるのは、それが子どもの健全な自立につながるという暗黙の前提があるからだろう。家族の寝方と幼児の発達には意味ある関連があるのだろうか、そんな興味に答える糸口も見つけたい。

就寝形態（寝方）の分類法

就寝形態の調査は、3歳児をもつ家族が最も長期間採用している寝方を聞き取り、家族の位置関係を図に書き留める方法で行う。ベッドとは異なるふとんという寝具の柔軟性もあって、日本の乳幼児の寝方はまことに多様であるが、3歳ころまでに定着していた典型的な寝方を分類した。

「調査A」（1983年）は、子どもが一人または二人いる核家族の親子70組を対象に、子どもが3歳ころまでの寝方に変動がない、典型的な寝方に分類できる35組を対象とした。その内訳は、①母中央型（10）②子ども中央型（10）③父別室型（10）④子ども別室型（5）の4類型である。

「調査A」では、寝方4類型別に家族関係と幼児の発達の関連を調べてみた。幼児の発達評定としては教室場面での行動観察（幼児教室での行動を、保母6人で観察した結果）、家族関係調査（両親の属性・父子・母子関係・父母役割に関する質問紙調査）、3歳児の生育歴調査（母親による家庭での幼児の発達評価）の3つを使った[6]。

寝方4類型と家族関係・家庭の雰囲気

寝方4類型別に、観察や調査から得た結果を質的に分析すると、母子、父子関係と幼児の発達に関して次のような仮説が想定された。

1）母（M）中央型　（10例　F-M-C, F-C2-M-C1, F-C1-M-C2）

親子・夫婦関係が安定した寝方で、幼児期の母親役割を最も重視し、母親は子育ての中心に居て不足しがちな父子関係を調整し、夫婦関係にも配慮する家

族の要である。母親の心身のタフさや家族への気配りが要求される寝方で母親の家庭責任は重い。

次子ができても母子が隣接寝できる母中央型（F-C2-M-C1）は、母子関係を維持しながら父親とも接触できることから、依存から自立への移行が自然で、幼児の発達にとって好ましい寝方である。

厳父と甘父が半々だが、幼児が間接分離寝の父親に愛着をもつ割合が高く、子どもへの対応に迷うことが少ない自信ある父親である。父母間のしつけ対立も少なく安定した親子関係・夫婦関係である。10組中、6人が長子、次子と一人っ子が2人ずつである。

2）子ども（C）中央型 （10例　F-C-M, F-C1-M-C2）

夫婦関係より親子関係を優先した日本人の伝統的な寝方である川の字で、就寝時に母子のみならず父子も接触でき、母子同様に父子関係も近い。両親は、夫婦関係と父母役割ともに対等意識が強く、とくに遊び相手を中心に父親の育児参加が多い。子育てを母親と対等に楽しみ、積極的に子育て参加する父親に対して、子どもは母親と同程度の愛着を育てていく。反面、母親が二人いるような家庭では、父母間の細いしつけ対立や子どもの欲望を制限する父性原理が欠如しやすい。教室場面での母子分離では、自分の欲求が通らず初めは不安だが、馴れると自己中心的になりやすい。10組中、一人っ子6人、長子4人で、次子はいない。

3）父（F）別室型 （10例　F/C-M, F/C1-M-C2, F/C2-M-C1）

子ども中央型と対照的で、全般に母親まかせで父親は子育てに距離があり、夫婦と父子関係ともに遠い。無責任に甘いあるいは厳しい父親との両極があるが、父性的関わりが少なく父子の愛着が育ちにくく、密着しすぎる母子関係から自立心が未熟な子に育ちやすい。10組中、次子が5人、長子が3人、一人っ子が2人である。

4）子ども（C）別室型 （5例　C1-C2/F-M,）

親子関係より夫婦関係を優先する寝方で、夫婦ともに高学歴で、5例中4人は在外生活や出張を含めて海外生活経験者で、自立を促す西欧的子育て観をもつ親が多い。母親は子育て後の社会参加への意欲が高く、早期の子離れを予期

した子育てをしている。子どもは母子の絆で一応安定しているが、西欧流の強い父親と子ども間には一定の距離があり、父親と二人になると子どもは不安がり、関わりに迷う父親も多い。親の自立志向と幼児の情緒的安定感との調整が難しく、一見自立して見えるが、情緒的安定を親以外の大人に求める傾向もある。5組の内訳は、長子が4人、次子1人、一人っ子はいない。

（2） データにみる就寝形態と家族関係

「調査A」の仮説を量的分析によって確かめるために「調査B」を実施した（1989〜91年）。「調査B」では、3歳児の家族177組中、寝方類型がはっきりしており、その父母の質問紙調査票がセットで得られた61組を使用した。①父別室型（10）②子ども別室型（4）③父母同床型（8）④母中央型（11）⑤子ども中央型（24）⑥母子同床型（4）の6類型であった。そこから、就寝時の父子間の距離に注目して、父子間が遠い寝方である①父別室型（10）、同室だが父子は分離寝である③父母同床型（8）、父子が近い寝方である⑤子ども中央型（24）の3類型を選択し、母子・父子・夫婦関係について統計的に分析した[7]。

就寝形態と家族の属性

父親に回答を求めた父親の就業時間の長さや仕事の忙しさ、父子の接触時間などの物理的な条件に関しては、3寝方別（父別室型、父母同床型、子ども中央型）に有意差はなかった。つまり、父親別室型になるのは必ずしも父親の仕事の多忙さなどの物理的な要因だけではなく、家庭における父親の位置づけや父親自身の子育て意識も加わった結果であることに注目しておきたい。

3つの寝方の属性を比較すると、次のような傾向差（†）があった。

第2子が多い	父別室型 ＞父母同床型・子ども中央型	†
父親の年齢が高い	父別室型 ＞父母同床型・子ども中央型	†
母子分離体験の多さ	子ども中央型＞父別室型	†

(† p＜0.10)

2〜3歳児の家庭の約20％を占める父別室型には特徴がある。子どもが複数になると増え、家族4人の同室寝が狭くなると父親が別室へ出される物理的条件がそろってくる。母年齢に差はないが父親年齢は高くなり、仕事も多忙になると予想される。また、次子に多い寝方は出産などの必要に迫られる母子分離体験が少ないことなどから、母子の距離は近くなる傾向がある。

就寝形態と父子関係

3寝方別に、父親の子育て意識、父子関わりの実態との関連を調べた。父親のデータは、次の項目を4段階評定で尋ねた結果である。

- 父親意識（「子どもへの密着感」「子どもに対する精神的な自立感」）
- 父親役割感（「父親役割肯定感」「父親役割否定感」）
- 父子関わりの実態（子どもへの「積極的な関心」子どもの「世話」「遊び」「言動の規制役割」「知的な働きかけ」の5領域への父親参加程度）

父親調査の結果を3類型（父別室型、父母同床型、子ども中央型）で比較すると、父子関係がはっきりと異なっていた。父別室型の父親は、子育てへの参加は全体に低く、父子間に距離がある。子ども中央型の父親は、子どもに関心が高く子どもに積極的に関わり、父子の物理的・心理的距離が近い。対照的に父母同床型の父親は、子どもへの密着感が低く、父子間には心理的な距離が感じられる。

子どもに対する心理的自立感	父母同床型 ＞子ども中央型	†
子どもへの密着感	子ども中央型＞†父別室型 ＞*父母同床型	
子どもの世話役割	子ども中央型 ＞父別室型	†
子どもへの知的な働きかけ	子ども中央型 ＞父別室型	*
	(*p＜0.05, †p＜0.10)	

就寝形態と夫婦関係

3寝方類型別に、母親が答えた夫婦関係調査の結果を比較してみる。母親の夫婦関係調査は次の5つの指標からなる。

① 「同一行動」項目（相手と同じ行動を共にしたいという母親の気持）
② 「被関心」項目（自分に関心を持ってほしいという母親の気持）
③ 「理解支持」項目（自分を理解し支持してほしいという母親の気持）
④ 「依存的一体感」項目（相手に必要だと思われていたいという母親の気持）
⑤ 「精神的支え」項目（相手の精神的な支えになっていると感じる母親の気持）

3寝方別に夫婦関係を比べると、以下のような項目で傾向差（†）があった。

夫が「妻の精神的な支えになりたい」と思っている
　　　　　　　　　　　　　子ども中央型の妻＞父母同床型の妻　†

「私がいないと困ると夫に思われたい」
　　　　　　　　　　　　　父別室型の妻　＞父母同床型の妻　†

（† $p<0.10$）

父別室型の夫婦では、父子間ばかりでなく夫婦間の距離も遠く、妻が夫に母親や妻としての自分の存在に関心をもってほしいと感じる傾向があった。父母同床型の夫婦関係は、夫婦間にも一定の心理的距離感が感じられ、子ども中央型は父子間のみならず夫婦の距離も近く、イクメン的な子育て最中の夫婦関係がうかがわれる。

就寝形態と母子関係

上記の3類型と母親の子育て意識調査との関連を調べた。使用した母親調査（母親の子育て意識に関する質問紙調査）項目は以下の5領域である。

① 「子どもへの密着感」（例：子どものためならたいていのことは我慢できる）
② 「子どもに対する精神的自立感」（例：わが子といえども独立した存在と感じる）
③ 「母親役割肯定感」（例：母親になって成長した・生きがいができた）
④ 「母親役割否定感」（例：母親に適していない・子育て負担感・生活が制限される）
⑤ 「子育て安定感」（例：夫の子育て分担・自分のやりたいことができる）

3寝方類型と母親の子育て意識調査との関連をみると、父母同床型と子ども中央型とでは母子関係のあり方が異なることが分かる。

父母同床型の母親は子ども中央型よりも、「夫の責任分担」「近所の人の援

助」の不足への不満や、「自分のやりたいことがやれない」と子育て負担感を感じ、現在の子育て環境に不満を持っていた。母子の距離をおいて子どもの早期自立を望む意識が強く、その反面、ワンオペ育児の現状に対して拘束感をもつ母親である。対照的に子ども中央型の母親は、子どもへの密着感が強い子育てに満足感が高い母親である。子育て責任を一人で負っている父別室型の母親も状況は同じであるが、性別役割分業意識が高く子育ては母親の生きがいであるためか、母親意識に特徴は見いだせなかった。

```
子どもとの心理的な距離感    父母同床型の母親＞子ども中央型の母親  †
子育ての安定感              子ども中央型の母親＞父母同床型の母親  *
                                        (* p＜0.05, † p＜0.10)
```

（3） 就寝形態と幼児の発達
寝方と幼児の発達イメージ

　「いつまでも親子が一緒に寝ていると、子どもの成長に悪い影響がありますか」とか「いつ頃から一人で寝るようにさせればよいのでしょうか」など、親たちは家族の寝方と子どもの発達や自立との関連に関心をもっている。

　欧米では、子どもを暗闇での孤独に耐えて一人で寝られるようにすることは幼児期の大切な発達課題であるといわれる。だからこそ、絵本を読み、お話をして子どもを寝かしつける就寝儀式に労力を注ぎ、セキュリティー・ブランケットと呼ばれる子どもに安心感を与えるための毛布やぬいぐるみがボロボロになるほど、幼いときから一人寝させることに努力する。ところが日本では、「添い寝」という言葉があるように、子どもが寝入るまで大人が側にいて、子どもの精神的安定をはかることが重視される。

　家族の寝方を家族関係のものさしの一つであるとすると、寝方は幼児期の子どもの発達のどんな部分に、どんな影響があるかを調べるために、寝方と3歳児の発達との関連を調べた。

　「調査A」では、家族の寝方と幼児の発達との関連を調べるために、親への依存と自立の観点から寝方4類型を選択し、3歳6か月時の成長の姿を比較し、

寝方と幼児の発達の関連についての仮説をたてた。

母親が評価した家庭内の子どもの様子では、「幼いときから親子で遊ぶことが多かった」と答えたのは、一人っ子が多い子ども中央型と末子が多い父別室型であった。3歳になった現在の遊び方は、子ども中央型では親子遊び、父別室型ではきょうだい遊び、母中央型は長子が多いためか友達遊びが中心になっていた。子どもの自己コントロール能力（一定時刻になったら寝床に入る・大人の言うことに従う）では、子ども別室型が高く、子ども中央型が低かった。母親からの自立度（一人で短い間留守番ができる・ひとりで戸外に遊びに行けるなど）では、子ども中央型と母中央型が高く、父別室型が低かった。これは、早期の親離れをめざすしつけを重視する子ども別室型の親、子育てを楽しみ、子どもに譲歩しがちなしつけをする子ども中央型の親、母子密着が強い父別室型の親を反映している。

新奇な環境への適応度（新しい場にすぐ慣れる・家庭外での適応が早いなど）では、子ども中央型と母中央型が高く、別室型と父別室型が低かった。未知の人への積極性（初めての人とでも話せる・人見知りをしないなど）では、母中央型と子ども中央型が高く、父別室型が最も低かった。

全般的に新しい環境への適応力では、母中央型 ― 子ども中央型 ― 子ども別室型 ― 父別室型の順であり、この傾向は、一年間に渡って観察された親子教室での親子分離の過程とも一致した。集団参加当初に他児と遊べた割合は、母中央型 ― 子ども中央型 ― 子ども別室型 ― 父別室型の順に多かった。なかでも、父別室型の母子分離の難しさは際だっていた。全体的にみた子どもの発達では、母中央型と子ども中央型の発達が安定しており、父別室型と子ども別室型の幼児の発達の未熟さが明らかであった。

以上の家庭や集団場面での質的分析から、親への依存と自立の観点から寝方4類型の発達イメージを以下にまとめた。

① 母中央型 ― 依存と自立のバランスがとりやすい寝方

　情緒的に安定し、新しい場面に遭遇した時、周囲の状況を認知し判断して自分の行動や表現を工夫し、自分と他人との関わりを調整する力がある。幼児期に限れば、親への依存から自立への移行が最も容易な寝方である。

②　子ども中央型 — 活発だが、自己コントロールの発達が心配な寝方

　自分の欲求を場面に応じて表現することが下手で、自己の欲求を押し通すかあきらめて大人に助けを求めるかで、幼児の自立が妨げられる可能性もある。

③　父別室型 — 新奇場面が苦手で、分離不安を増長しやすい寝方

　新奇場面での行動を躊躇、抑制しがちで、集団内では具体的な行動や意志表示を我慢し、母子分離が最も困難である。母子不分離は、子どもの母親への依存だけではなく母親の子どもへの依存関係も深めやすく、母子の分離不安を増長しやすい寝方といえよう。

④　子ども別室型 — 依存と自立のバランスが問題になりやすい寝方

　きょうだい寝を含めて対象者が少ないので特徴がはっきりしないが、彼らは一見大人びた態度で母親から自立している反面、新奇なものへの躊躇や抑制行動、不安行動が見受けられる。母親離れはよいが、母親以外の大人への依存傾向が見られるなど、その行動には両極性が見られることが多い。幼いときから一人寝を強制しすぎると、かえって不安定な自立を招く結果になることもあることに留意したい寝方である。

データに見る寝方と幼児の発達

　「調査A」で得られた仮説を、「調査B」では統計的に確かめてみた。

　「調査B」の対象者は、幼児の発達観察データがある61人の3歳児である。その寝方類型の内訳は、①子ども中央型（23）　②母中央型（11）　③父別室型（10）　④父母同床型（8）　⑤子ども別室型（5）　⑥母子同床型（4）である[8]。

　幼児の発達指標としては、幼児教室での3歳6か月時の対象児の行動観察結果を用いた。（第2章参照）その内容は以下の6分野である。

　①　情緒性（感情表出の豊かさ・表情の分化の程度・感情のコントロール）
　②　自発性（モノの探索行動・言葉での自己主張・自発的に活動を起こす意欲）
　③　運動性（身体運動の量・手足やからだの協応動作・敏捷性など身体の活動性）
　④　認知性（遊びの豊かさ・操作の巧みさ・人や場面など外界変化への対応力）

⑤ 言語性（流暢さ・他人との言葉のやり取り・ことばのイメージ力など）
⑥ 社会性（他者との関わり方・遊びの役割行動の適切さなどの人間関係能力）

「調査B」では、第1に、寝方の5類型（①～⑤）で6分野の発達得点を比較した。その結果、①子ども中央型の幼児は④父母同床型よりも自発性が高い傾向があり、自発性の中でも「探索意欲」（自分から新奇なものに関わっていく意欲）に関して傾向差があった。（p＜0.10）（いずれも有意な差異はない。）

第2に、寝方5類型で幼児の発達得点合計を比較した。その結果、得点間に有意差はないが、その値は、①子ども中央型─②母中央型─③父別室型─⑤子ども別室型─④父母同床型の順であった（図表4-7）。

「調査A」の予測どおり、幼児期には子ども中央型や母中央型のように子ども中心の環境で育つ幼児の発達のよさが示唆され、親子の心身の距離が遠い父母同床型や子ども別室型の発達が低く、その中間に父別室型が位置していた。

寝方と幼児の発達との関連は、出生順位との関連を考慮する必要がある。対象児61人の寝方と出生順位は次のようである。子ども中央型は一人っ子12人、長子8人、次子4人、母中央型も一人っ子7人、長子一人、次子3人で、一人っ子を含む第一子が圧倒的な長子型の寝方である。それにくらべて、父別室型は一人っ子4人、長子1人、次子5人、父母同床型も一人っ子2人、長子4

図表4-7　寝方別・幼児の発達度

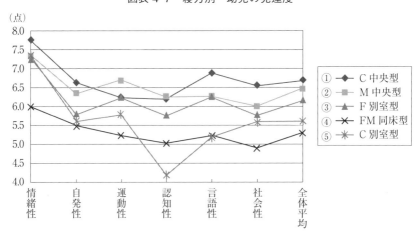

人、次子4人と第二子が半数を占める寝方である。きょうだいよりも親との関わりの多さが発達を左右しがちな乳幼児期には、親との接触度の違いが幼児の発達差になった一つの要因と考えられる。

母子間の心身の距離と幼児の発達

「調査A」の予測どおり、乳幼児の発達は、母子が隣接寝の①子ども中央型と②母中央型、母子が密着する③父別室型、母の距離が遠い⑤子ども別室型の順に低くなっていた。母子間の物理的な距離の近さが影響することを示唆している。

しかし同時に、③父別室型が④父母同床型よりも発達がよい結果は、両親の子育て意識の影響が分かる。父別室型は父子の距離は遠いが母子間は近く、母親は幼児中心の子育て生活に満足していたこと、父母同床型の父母はともに自立志向であり、とくに子どもとの距離を望み子育てで負担を感じている母親だったことを考えると、就寝時の物理的距離は核となる母子間の心理的な距離を反映し、幼児期の発達に影響することが予想される。

幼児の発達には父子別室寝より同室寝がよい

父子の寝方と幼児の発達との関連に移ろう。

①子ども中央型は同室父子隣接寝、②母中央型と④父母同床型は同室父子分離寝、③父別室型と⑤子ども別室型は父子別室寝である。父子の距離からいえば、④父母同床型は③父親別室型よりも発達がよいはずであるが、実際の結果は逆である。

そこで、就寝時の父子間の距離に着目して、父子同室寝と父子別室寝とで幼児の発達得点を比較した。父子同室寝型は46、父子別室寝型は15である。(図表4-8)。

その結果は、父親の存在の大きさを物語るものであった。父子同室寝型の幼児は父子別室寝型の幼児よりも、「自発性」と「認知性」に関する以下の分野で発達に有意差があった。つまり、父子同室寝の幼児は別室寝の幼児よりも、自己表現の源である言葉の発達、モノとの豊かな関わりを獲得する認知発達

図表 4-8　父子同室寝・別室寝別・幼児の発達度

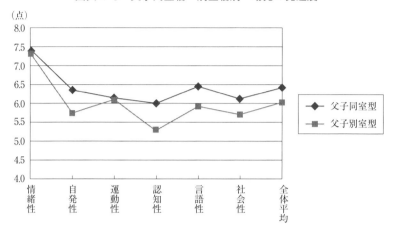

で、有意な差異を示したことの意味は大きい。

自発性（言葉による自己主張）	父子同室寝＞父子別室寝　＊
認知性（モノやおもちゃの操作の巧さ）	父子同室寝＞父子別室寝　＊
認知性（おもちゃのみたて・つもり遊びの豊かさ）	父子同室寝＞父子別室寝　＊
	（＊ $p<0.05$）

　この結果は、従来の多くの父親研究の成果とも一致している。第二の養育者としての父親は、母子の間に入り母子の距離を調整しつつ子どもを他人と結びつける橋渡し的存在であり、子どもとの遊びを通して、モノの扱いや知的な側面を豊かにする父親存在の重要性が証明されている。

　国際的に見ても日本の父子接触の機会は極めて少ないが、同室寝によって得られる父子接触が幼児期の発達に望ましい影響を与えている事実を十分に認識したいものである。父子同室寝は、父子が接する時間が少ない日本の家庭で、言葉と身体で戯れ遊びながら接触する自然な機会になり、父親が幼い子に関心をもって関わるきっかけにもなると思われる。

（4） 家族関係を可視化する就寝形態

　家族の就寝形態という目に見える事実が、家族関係や幼児の発達という目に見えない現象をどのように映し出しているかについて見てきた。

　第1に、ライフサイクルの中でも、家族関係が就寝形態にもっとも現われやすい時期に当たる乳幼児のいる若年家族は、就寝時の物理的な距離は心理的な距離を反映する可能性が高いことが見いだされた。「あなたの家ではどんな寝方をしていますか」と尋ねることによって、その家族の人間関係や家庭の雰囲気をある程度予測することができるということである。畳とふとんのように寝方の配置を多様にする物理的な条件があるが、実際の寝方の選択は、家族の男女観や夫婦観、父母の役割などの価値観を反映し、その結果として家族の心理的距離感を可視化する現象である可能性がある。

　就寝を共にする家族成員は、起きている間も生活行動を共にする割合が高い傾向があるという調査結果もある。就学前の子どもをもつ共働き100所帯、専業主婦100所帯との比較調査の結果では、70％を占める親子同室型では、家族全員でテレビを見て在宅時間を過ごすことが多い。13％の子ども別室型では、夫婦二人でテレビを見て在宅時間を過ごすことが多い。17％の父親別室型では、母子でテレビを見、母子が在宅時間を共にする割合が高く、その父親は一人でテレビを見て一人で過ごす時間が長いという。また、家族同室型の家族は父親別室型に比べて、夫婦の会話頻度が高い傾向にあるという。やはり家族の就寝形態は、家族関係のありかたを象徴する一つの指標になりうるようだ[9]。

　第2に、就寝形態の多様さが就寝時の父親の居場所の違いによって表現されているという事実である。最近とみに、家族における父親役割や子どもへの父親の影響が議論されるが、母親役割の明確さにくらべて父親のそれはいま一つはっきりしない。しかし、「父親は存在していることに意味がある」という言葉を思い返すと非常に示唆的で面白い。就寝時の父親の位置が、家族関係のあり方や家庭の雰囲気、幼児の生活やその発達に隠れた影響を与えている可能性は否めない。

　乳幼児期の生活の多くは家族との接触に依存しており、親への依存と自立とを繰り返しながら幼児期を卒業していく。その時に、幼児が依存から自立への

らせん階段を無理なく登って育っていくためには、母親だけではなくもう一人の親である父親が物理的かつ心理的に家族の中に存在し、その役割を果たしていることが大事な鍵になってくる。こうした意味で、乳幼児の発達と就寝形態との関連が見いだされたことは意味深い。

　子ども中央型は、父子の距離がもっとも近い寝方である。父親の育児参加の中心は風呂とならんで遊び相手をすることであるが、ふとんの上でのつかの間の接触は父子にとって身近な楽しみであろう。ましてや寝ている子どもとしか接触できない多忙な父親にとっては、せめてわが子の寝顔を見、就寝時に身体接触することは父親である幸せを感じる短いながらも貴重な時間に違いない。

　しかし、子ども中央型は3歳ころまでの家族にはふさわしい寝方であるとしても、5、6歳以降の子どもの健全な社会生活を念頭におくとき、とくに子どもに譲歩しすぎる父親存在のマイナス面に注意を向けなければならない。子どもかわいさのあまり過剰な依存関係を両親が取り続けることは、子どもからけじめや人間関係の限度を体得するチャンスを奪い、自立への道のりを遠ざける結果になりかねないからである。

　父子関係が最も遠い父別室型の家庭は約20％を占めるが、その定着率は高い。親子別室就寝が基本である欧米では、子どもが目覚めているときには親は子どもとの接触を努めて行うという。多忙な父別室型の父親たちは欧米の父親を見習って、就寝以外の家庭生活での父子接触を意識的に心がけ、子育て後の長い時間を視野に入れて仕事だけにのめり込むことなく、ともすると疎遠になりがちな子育て最中の夫婦関係の絆をしっかりと結び直す努力もしたい。

　父母同床型は、国際化や家族の個人化傾向の増加によって、子ども別室型への移行の過渡的形態として今後の増加が予想される。しかし、安易な形だけの模倣や早期の自立を焦ることなく、乳幼児期の十分な二者関係が将来の豊かな人間関係を可能にすること、親への甘えや身体接触が心の健康につながる事実を忘れることなく、子どもの成長段階に沿って選択する必要がある。

　日本人が文化として引き継いできた親子共寝という寝方は、現在でもなお乳幼児をもつ家族の主流であり、少子化、父親の育児参加、母親の就労とともに、父子・母子の距離が最も近い子ども中央型就寝形態が主流になり、就寝形

態における家族の距離はますます接近する傾向が見られる。

その一方で、活動時の家族はしだいに個人化し、家族としての共同性を失いつつある。早期からの集団参加、一家団らんの減少、食事の弧食化、メディア接触やレジャーの個人化など、家族の生活は確かに個人化へと向かっている。

これからの日本の家族の就寝時の夫婦・父子・母子の距離は、より接近するのか遠のくのか、そのとき、日本の乳幼児たちはどんなパーソナリティーを身につけて大人になっていくのか、それは将来の望ましい人間形成につながるのか、こうした意味で家族の就寝形態の今後の変化は見逃せない面白い現象のひとつである。

●第4章のまとめ

　本章では、第二養育者である父親の育児参加が幼児の発達と家族関係に与える影響についてデータを交えて概観した。母親の育児役割が強調される日本では、幼い子どもに対する父親の影響を過少評価する傾向があるが、「親が二人いることの有難さ」を思い出させる結果であった。父親が幼い子どもに積極的に接近する行動は母子分離の可否や幼児の「自発性」に関連し、それが父親の世話行動や遊び行動を通して幼児の「認知性」「言語性」「社会性」を中心に全体的な発達を促し、父性原理である「規制行動」につながり「自発性」「言語性」を促進する効果が見られた。

　さらに、父親の位置が影響する家族の寝方は、親役割分業観やジェンダー観、夫婦関係などの家族間の心理的距離が、物理的距離に反映された現象であることがデータで示された。在宅時間や父子接触が少ない日本の父親にとって、就寝時の父子同室寝は幼児の自己表現や遊びの豊かさによい影響があり、早期の父子接触の効果が注目された。

参考文献

1) 牧野カツ子・中野由美子・柏木惠子　1996「子どもの発達と父親の役割」ミネルヴァ書房
2) 中野由美子　1992「3歳児の発達と父子関係」家庭教育研究所紀要 14
3) 加藤邦子　1992「父親の性役割意識と父子関わりの関連について」家庭教育研究所紀要 14
4) 中野由美子　1992「3歳児の母子分離と父子関係」家庭教育研究所紀要 14
5) Davitz, I & Davitz, J & 千石保他　1983『Child Rearing and Maternal Attitude in Japan

and United States』日本青少年研究所「幼児をもつ母親の意識に関する調査」1983
6) 飯長喜一郎・篠田有子・中野由美子他 1985「家族の就寝形態の研究Ⅰ」家庭教育研究所紀要6
7) 中野由美子 1997「日本の家族の就寝形態Ⅰ—家族関係を中心に」目白学園女子短期大学紀要第34
8) 中野由美子 1991「就寝形態と家族関係・子どもの発達Ⅱ—父子関係を中心に」家庭教育研究所紀要13
9) 家計経済研究所編 1991「現代家族族の風景—家族生活の共同性と個別性」大蔵省印刷局

第5章
乳幼児接触・保育体験の子育てへの影響

　本章では、育ちの過程で経験した乳幼児との接触・保育体験の量と質が、子育て中の幼稚園児の母親の子育て行動や養育観、十代女子や男女中学生などの次世代の子育て観形成に与える影響、ならびに学校で実施される保育体験実習の効果について、次世代の親準備性の観点から考える。

　母親が育ちの過程で体得した接触・保育体験の量と質の違いが、日々の子育て対応や子育て観、子育て負担観にどのように反映されているかを知ることは、親子関係の安定にとって重要な視点であろう。また、少子化に向かう次世代の保育者養成校生と男女中学生の生育歴や幼児イメージ形成、子育て観に与える影響を知ることは、保育体験学習を通して次世代の親準備性を促進する視点からも注目されよう。

子どもが忌避される時代

　「かつての来日外国人を驚かせた日本人の子どもに対する優しさ、それがいま、子育てがリスクと考えられるようになり」、現代の少子化社会は子どもが忌避される時代になったといわれる[1]。少子化社会において、子育て当事者たちが「子育ては大変だけれど人生の豊かな経験になる」という実感をもって、子育て次世代が乳幼児に忌避感をもつことなく親準備性を育て、子育てを楽しめる社会にすることはたやすいことではない。

　乳幼児や高齢者との接触体験が激減するいま、生命が芽生えて育ち、老いていく循環の過程への共感や社会的弱者へのまなざしはどのように育っていくのだろうか。子どもの成長に応じた親役割を適切に発揮するためには、親自身の

生育体験と過去の乳幼児との接触体験の量や質の影響が大きいと予想される。

1980年と2004年に実施された乳幼児の母親への大量調査結果を比較すると、この25年間に乳幼児との接触体験は大幅に減少し、育児イメージと現実の子育てとのギャップが乳幼児への無理解を生み、具体的対処に自信がもてず、育児不安や負担感、ストレスが増大していることが明らかになった[2]。

学校を通して行われている保育体験学習には、接触体験がますます減少する次世代が乳幼児と触れ合い、乳幼児への理解を深め、生命が育つ過程への参加と社会的弱者である乳幼児へのまなざしを育む、数少ない機会となっている。

第1節　幼稚園児の母親の接触・保育体験と子育て

東京都内の幼稚園をもつ母親を対象に、親になる前後の乳幼児との接触・保育体験について回答を求め、現在の子育てや子育て観との関連を分析した。親になる以前の保育経験の量や質は、親になってからの子育てにどのような影響を与えるのであろうか[3]。

>　調査対象：東京都内の幼稚園児（平均4.4歳）の母親計211人、（2005年）（平均35歳・家族数4人、子ども数平均1.93人（1人24.1%、2人63.2%、3人10.4%、4人2.4%）
>　調査内容：①属性（年齢・家族構成・子ども数・母親の就労など）　②子どもの特徴（好き嫌いの激しさ・友達関係のスムーズさ・落ち着きのなさなど）　③親になる以前の接触体験　④親になってからの子どもとの接触度　⑤子育てに対する態度・子育て観など

親になる前後の接触体験

接触・保育体験12項目に関して4段階で回答を求めると、母親が親になる以前に体験した程度は、「ときどきした」か「ほとんどなかった」であり、すべてが中央値（2.5点）以下で、後述する十代女子学生よりも低かった。

抱っこ、じゃれあって遊んだ「身体接触体験」は時々あったが、「ほおずり

図表5-1-1　園児の母親の過去の接触体験

因子	項目	平均
① 楽しい 接触体験	乳幼児と遊んだこと	2.16
	乳幼児の体に触ったこと	2.16
	乳幼児が笑ってくれたこと	2.33
	機嫌をとったりあやしたこと	2.14
	乳幼児とじゃれあったこと	2.00
	乳幼児に頬ずりしたこと	1.74
	頭をなでて褒めたこと	1.91
	乳幼児をおんぶしたこと	1.65
	絵本やお話をしてやったこと	1.68
② 嫌な 接触体験	幼児に嫌なことを言われたこと	1.19
	幼児を言葉で叱ったこと	1.36
	幼児にぶたれたこと	1.36

図表5-1-2　園児の母親の現在の接触体験

因子	項目	平均
① 身体接触	くすぐるなどじゃれあう	3.26
	抱きしめてなだめる	3.25
	子どもの話に耳を傾ける	3.19
	褒める時に体に触れる	3.06
② 遊び接触	子守歌や童謡を歌ってやる	2.80
	手遊びなどして一緒に遊ぶ	2.84
	絵本を呼んでやる	2.86
③ 負の接触	嫌味な言葉で叱る	2.16
	食事中に叱ってしまう	2.42
	しつけで叩いてしまう	2.23

やおんぶ」になるとほとんどなかった。「一緒に遊んだ」体験は時々あったが、「なでたり抱いたりしてほめた」「絵本やお話をした」などの具体的な関わりは少ない。「言葉で叱った」「ぶたれたりかじられたりした」「嫌なことをされたり言われた」という嫌な体験はほとんどしたことがなかった（図表5-1-1）。

過去の接触体験12項目は、〈楽しい接触体験〉（一緒に遊んだ・抱っこやおんぶ・頬ずりしたことなど）と〈嫌な接触体験〉（嫌なことを言われた・ぶたれた・叱ったなど）に2分類された。接触体験が多かった母親は、楽しい体験と嫌な体験の両方を経験していた。

親になると当然、子どもとの接触は濃密になる。現在の接触体験10項目は、①〈身体接触〉（身体や目による子どもとの接触）、②〈遊び接触〉（母子遊びなどの関わり）、③〈負の接触〉（体罰やことばによる注意や叱責）に3分類された（図表5-1-2）。

親になってからの子育て観

母親の子育て観について4段階で回答を求めた結果は、「子どもは面白い」が高く（3.6）、「散らかるのは嫌い」「子どもの長所に目がいく」「何度もせがまれるのは腹立たしい」と時々感じ、「子どもと同じレベルで遊ぶ」「子どもの意思がはっきりしないと困る」「子どもの気持ちをうまく切り替えられる」が

中央値 (2.5) を超える程度である。

「他の子と同じことができないと困る」「親が決めたとおりにさせたい」とたまに感じるが、「子育てのマニュアルがほしい」とまでは思わない。子どもは面白い、子どもを尊重したいと感じると同時に散らかされたりせがまれたりするのは面倒であり、子育ては楽しいが同時に辛いという母親の両極性が現れている。親の子育て観の項目を関連の強い項目同士で分類（因子分析）すると、親から子どもへの要求が強い〈親中心育児観〉と、子どもに合わせて親が対応する〈子ども中心育児観〉に2分類された（図表5-2）。

図表5-2　園児の母親の子育て観

因子	項目	平均
① 親中心 育児観	親が決めたとおりにさせたい	2.17
	他の子と同じことができないと困る	2.37
	子どもの意思がはっきりしないと困る	2.79
	何度もせがまれると腹立たしい	3.02
② 子ども中心 育児観	子どもの気持ちを切り替えられる	2.74
	子どもの長所に目がいく	3.09
	子どもと同じレベルで遊べる	2.87

過去の接触体験と現在の子育て観との関連

図表5-3に、親になる以前の過去の接触体験、親になって以後の関わり体験、親の子育て観（親中心育児観・子ども中心育児観）、子ども数と子どもの特徴との相互関連を示した。（相関係数N = －1 ～ +1、1に近いほど関係が強い）

過去の〈楽しい接触体験〉と〈嫌な接触体験〉との相関は高く (.64**)、過去の〈楽しい体験〉が母親になって以後の〈身体接触〉〈遊び接触〉〈子ども中心育児観〉に効果（プラスの相関）があるばかりではなく、過去の〈嫌な体験〉も現在の〈遊び接触〉〈子ども中心育児観〉に貢献していた。

同様に、現在の〈身体接触〉は、〈遊び接触〉(.49**) と〈子ども中心育児観〉(.57**) とプラス相関が、〈親中心育児観〉(－.20*) と体罰などの〈負の接触〉(－.28*) とマイナス相関が示された。つまり、〈子ども中心育児観〉をもつ母

図表 5-3　過去の接触体験・現在の母子関係・子育て観の相関

	過去の接触体験		子育て中の母子接触			育児観	
	楽しい接触体験	嫌な接触体験	身体接触	遊び接触	負の接触	親中心育児観	子ども中心育児観
嫌な接触体験	.64**						
身体接触	.22**	-					
遊び接触	.27**	.15*	.49**				
負の接触	-	-	-.14*	-			
親中心育児観	-.19**	-	-.20*	-	.28*		
子ども中心育児観	.19**	.15*	.57**	.31**	-.18*	-	
子ども数	-	-	-	-	-	-	-
子どもの特徴	-	-	-.16*	-	-	-	-.16*

**p＜.01，*p＜.05，－有意差なし

親は、過去に楽しい接触と嫌な接触体験の双方を経験しており、親になってからは子どもとの身体接触が多く、体罰や叱責などの負の接触と親中心育児観が少ない母親である。対照的に〈親中心育児観〉の母親は、過去の楽しい接触体験が少なく（-.19**）、現在の身体接触も少なく（-.20*）、負の接触（.28*）につながりやすいことを示していた。

対象者の 87％が子ども 2人まで、平均 1.93人であるためか、子ども数との関連はなかったが、扱いにくい特徴をもつ子どもの母親は〈身体接触〉と〈子ども中心育児観〉が低くなり（-.16*）、子ども数よりも対応が難しい子どもの母親は身体接触や子ども中心育児観をもちにくい結果が示された（図表5-3）。

豊富な接触体験は「子ども中心子育て」につながる

親になる以前の接触体験の量が多い群と少ない群（多い群84人、少ない群125人）で比較しても、親になって以後の〈身体接触〉〈遊び接触〉〈子ども中心育児観〉と〈親中心育児観〉で統計上の差異があった。

過去の接触体験が多かった群は少なかった群よりも、現在の子どもとの接触や関わりが多く、子ども中心の子育て観が強く、体罰などの負の接触とは無関係であった。親になる以前の接触体験が少ないと感じている母親ほど、親中心の子育てに傾き、子どもとの身体接触や遊び接触が減少する可能性が示された。

子ども中心育児観の母親は、親になる以前に楽しい体験と嫌な体験の双方を経験しており、それが親としてのスキンシップ・関わり接触を高め、負の接触を抑制する効果があった。

接触体験不足は「親中心の子育て」につながりやすい

概ね、過去の接触体験の多さは現在の子どもへの対応を豊かにし、現在の母子関わりを安定させる効果があり、対照的に接触体験不足の親は、過去の楽しい接触体験と現在の身体接触が少なく、親中心の子育て観や虐待に代表される負の接触への危険性につながることが示された。

子育て体験が乏しい親たちには、親子が同時に参加して学び合う場所づくりや親子を同時に支援する人材や指導方法の工夫が求められている。その際には、幼い昔の自分の育ちや育ちへの評価を振り返り、親としての共感性や子どもと関わるスキルを身につける学習が大切になる。

第2節　十代女子の保育体験と幼児イメージの変化

家庭や地域での乳幼児との接触体験がますます減少する少子化社会の今後を考えるとき、次世代が親として育つ準備学習の機会を身近に作り、接触・保育体験を充実させることが、少子化や将来の子育てへの忌避感の予防につながると思われる。ここでは、次世代の中心的な保育の担い手になる十代の女子学生に対象を絞って、過去の乳幼児接触体験や乳幼児イメージ、ならびに保育実習体験の効果について調べてみた[4]。

調査対象：中学2年生女子107人と東京都内の保育者養成校生（保育者養成短大と専門学校生）(18〜19歳) 126人の計233人。(2002年実施)

調査内容：①属性　②乳幼児との接触体験　③幼児に対するイメージ　④幼児期の生育体験と満足度の自己評価　⑤現在の自分の行動・対人関係の自己評価　⑥保育実習体験時間・内容など。

接触体験と乳幼児イメージ

　女子中学生と保育者養成校学生の過去の乳幼児接触体験を比較すると、女子中学生の接触体験が保育者養成校学生よりもやや多く、次世代の保育担当者になる予定の保育者養成校生も過去の保育体験が豊かであるとはいえないようである。しかし、有意差があった項目は「這うのを見た」「言葉で叱ったことがある」の２項目のみだったので、両者は同質の経験をしているとみなし、まとめて十代女子として分析した。

　接触体験の頻度（多い〜ほとんどないの４段階）は中央値（2.5点）の前後で、３点（よくした）を超すものは少なかった。とくに世話体験と幼児とのトラブル体験は少なく、個人差も極めて大きかった。彼女たちの過去の接触体験18項目を関連の深いもの同士を因子にまとめると、①〈乳児との接触体験〉②〈幼児との接触体験〉③〈乳幼児の世話〉の３因子に分かれた。各項目についての平均値は、①〈乳児との接触体験〉と②〈幼児との接触体験〉は中央値を超えて「よくした・時々した」程度であるが、③〈乳幼児の世話〉は「あまりしたことがない」程度になる（図表5-4）。

図表5-4　過去の接触体験（十代女子）

因子	項目	平均
①乳児接触	裸の赤ちゃんを見たこと	2.64
	オムツ交換を見たこと	2.76
	授乳を見たこと	2.36
	赤ちゃんが這うのを見たこと	3.08
	赤ちゃんと遊んだこと	2.89
	赤ちゃんを抱いたこと	2.87
	頬ずりやキスをしたこと	2.13
②幼児接触	体を接してじゃれて遊んだこと	2.68
	なでたり抱いたりしてほめたこと	2.87
	幼児をおんぶしたこと	2.75
	泣いている子をあやしたこと	2.65
	幼児と一緒に食事をしたこと	2.76
	幼児にぶたれたりかじられたりしたこと	2.23
③世話	手洗いやうがいを手伝ったこと	2.16
	着替えや靴の世話をしたこと	2.59
	幼児を言葉で叱ったこと	2.09
	昼寝など一緒に寝たこと	2.06
	一緒に風呂に入ったこと	1.78

図表5-5　乳幼児イメージ（十代女子）

因子	項目	平均
①否定的イメージ	子どもと同じレベルで遊ぶのは嫌い	1.41
	子どもは汚すので嫌い	1.38
	付き合っているとイライラする	1.42
	何度もせがまれると腹立たしい	1.64
②能力への信頼感	気持ちや考えを理解する力がある	2.65
	自分の思いを伝達する力がある	2.77
	自分で生きる力をもっている	2.74
③好意的イメージ	一緒にいると楽しい	3.43
	自分は子ども好きだと思う	3.37
	子どもに関心を持って見ている	3.03
④関係づくりスキル	幼児になつかれていると感じる	2.43
	幼児に頼られていると感じる	2.27
	教えられることがあると感じる	2.58

乳幼児イメージに関する13項目を因子分析すると、①乳幼児への〈否定的イメージ〉②〈能力への信頼感〉③〈好意的イメージ〉④〈幼児との関係作りスキル〉の4因子に分かれた。幼児イメージの平均値は、③〈好意的イメージ〉は3点台で高く、②〈幼児の能力信頼感〉は2.5点を超える程度、④〈関係づくりスキル〉は2.5点程度、①〈否定的イメージ〉は1点台で低い。子どもは好きだが、対応にやや不安を感じている結果であった（図表5-5）。

接触体験が幼児イメージに与える影響

　接触体験項目の〈乳児との接触体験〉、〈幼児との接触体験〉、〈乳幼児の世話体験〉の3因子は相互関連が高く、きょうだい数が多いと接触体験も多かった。幼児イメージ4因子ときょうだい数には統計的に有意な関連はなかった。

　接触体験と幼児イメージの関連では、接触体験の量は直接的に否定的イメージとつながるわけではないが、接触体験が多い生徒は好意的イメージが高い傾向があり、幼児の能力を信頼し関係作りにも前向きであった。接触体験が平均より低い生徒は高い生徒よりも、否定的イメージが高く、好意的イメージが低い傾向があり、関係作りスキルが下手であると感じていた。また、否定的イメージの高い生徒には、触ったりじゃれたりして遊んだ身体接触体験が少ない生徒とトラブルを伴う嫌な接触体験が多い生徒がいた。

保育実習体験による幼児イメージの変化

　調査対象である保育者養成校生と中学生では、保育実習の場所や時間数に大きな違いがある。養成校生の実習は幼稚園での実習日数も2日以上、実習時間も10時間を超え、実習回数も2～3回目以上が半数であった。一方の中学生では、保育所で1日限りの3時間の実習体験である。保育実習体験といっても、その量と質の差は十分考慮しなければならない。

　保育実習体験による幼児イメージの変化を知るために、それぞれの保育実習前後の幼児イメージを比較した。実習前は、養成校生は中学女子よりも好意的イメージが高く、否定的イメージが低く、それぞれ有意差があった。しかし、実習後にはその差異は小さくなり、中学女子の幼児イメージが実習前

よりもやや高まった。短い保育実習体験による中学女子の変化は、否定的イメージの減少と子どもの楽しさの実感、関わりスキルでも養成校生との差異が消滅していた。保育実習は、「育児はやっぱり女が上手」という中学生の子育てジェンダー観を低下させ、幼児への理解と関わりスキルでの変化が感じられた。

養成校生の最大の変化は、幼児の能力の再評価と自己の関わりスキルの見直しである。実習前には中学生との差がなかった幼児能力観の4項目すべてで、実習後は中学生との有意差がみられ、実習前の関わりスキルの2項目での差異が消えていた。保育実習によって、幼児の能力への理解と自分の保育スキルの乏しさとのギャップに気づくことから、この結果になったと予想される。養成校生にとっての保育実習は、幼児の能力や生きる力の再評価と自己の保育実践技能への不安を喚起し、幼児理解の深化や保育技能を問いなおす今後の課題発

図表5-6　実習前後の幼児イメージの変化（保育実習前後差）

幼児イメージ		保育実習前 養成校	有意差	中学女子	保育実習前後差 養成校	有意差	中学女子
好意的イメージ	子どもはおもしろい		>	*		−	
	子どもは楽しい		>	*		<	*
	子どもが好きだ		>	*		−	
	関心をもってみる		>	*		−	
否定的イメージ	せがまれると腹が立つ		<	*		<	*
	同レベルで遊ぶのは嫌い		<	*		<	*
	イライラさせられる		<	*		−	
	汚すので嫌いだ		<	*		<	*
関わりスキル	なつかれている		−			−	
	幼児に教えられる		>	*		−	
	幼児の気持ちを切り換え		−			−	
	頼られていると感じる		>	*		−	
幼児能力観	伝達力がある		−			>	**
	生きる力がある		−			>	**
	理解力がある		−			>	***
	言うことを聞いてくれる		−			>	***
ジェンダー観	3歳までは母の手で		−			−	
	育児は女が上手		<	*		−	

(***p＜.001, **p＜.01, *p＜.05, −有意差なし)

見につながる機会だといえよう（図表5-6）。

次世代の養育力を育てる保育実習体験とは

　近年、総合学習時間や職業体験活動、ボランティア活動など、学校や地域を中心とする子育て参加活動を促進する動きが盛んである。十代女子学生の保育実習前後の幼児イメージを比較した結果では、実習によって幼児能力理解や好意的イメージが高まり、否定的イメージが低下した反面、嫌な接触体験の増加は子どもと関わる自信を低下させ、幼児との関係作りスキルに不安を感じさせるようにもなっていた。

　保育実習体験は乳幼児への自分の対応能力を認知させ、すぐには養育力向上につながらない場合も多い。これは、最近話題になっている、接触体験の少ない保育者養成校生が実習体験によって保育者になる自信を失う「保育実習ショック」や、新任保育者が仕事への期待や夢と現実とのギャップを乗り越えられずに、モチベーション喪失や早期離職につながる「リアリティ・ショック」と無関係ではあるまい。

　保育実習に参加し子どもに接する経験は、幼い昔の自分の育ちや育ちへの評価をよみがえらせ、保育者としての共感性や関わりスキルに影響するともいわれる。幼児期の自己の育ちに満足している学生にとっての実習は自己成長の機会になるが、過去の育ちに不安をもつ学生には辛い体験になる場合もある。後者の学生が成長するためには、自己成長の支えとなる保育者モデルとの出会いが重要であり、それによって保育実習効果が変化するといわれる[5]。

　家庭や地域での乳幼児との接触体験がますます減少する少子化社会の今後を考えると、保育体験を次世代の養育力促進に寄与する社会システムづくりや保育参加のカリキュラムづくり、モデルとなる実習現場の指導者の関わり方や指導方法の工夫が求められている。

第3節　男女中学生の幼児イメージ形成と保育実習体験の効果

次世代の子育てが男女共同作業になるためには、男女中学生の乳幼児との接触体験や保育実習効果を知ることが必要になる。学校での保育体験実習が、とくに男子学生の幼児イメージや親準備性の形成に寄与するのか、将来の父親の育児参加の促進要因を探ることは重要であろう。また、女子中学生の親準備性にとって、どのような効果が期待されるのかも検討してみたい[6]。

> 調査対象：東京近郊県の地方都市の公立中学校2年生226人（男子119、女子107人）。保育実習授業の前後に同一番号を記入する方法で調査を教師に依頼、記入後に封印し回収。（2002年）
> 調査内容：前調査に同じ。

（1）中学生の生育体験と子ども観

男女中学生の生育体験の性差

核家族・二人きょうだいで育つ中学生が多いが、きょうだい数、就学前の母親就労の有無、就園状況などの調査対象者の属性には、男女間での統計的差異はみられなかった。将来子どもが欲しいかを尋ねたところ、男子の57％、女子の76％が「欲しい」と回答したが、男子の40％は「分からない」と答え、子どもへの関心度の性差は大きく、女子が高かった。

図表5-7　幼児期の育ちへの満足度の性差（t検定結果）

項目		t値	有意差
幼児期満足度（合計得点）	男子＜女子	2.72	**
父が好きだった	男子＜女子	2.79	**
母が好きだった	男子＜女子	3.95	***
よく抱かれた記憶がある	男子＜女子	5.25	***
家族で小さい頃の話をする	男子＜女子	2.23	*

*** $p<.001$, ** $p<.01$, * $p<.05$

生育体験（自分の育ち方）の影響を知るために、就学前の親子関係や親子の接触体験、家族の団らん体験などへの自己評価を尋ねた。その結果、女子は男子よりも自分の育ちへの満足度と親への親近感のすべての項目で高く、幼児期の家族関係に満足している度合いが有意に高かった（図表5-7）。

保育実習以前の中学生の子どもへの関心
　①　接触体験の多い女子、極端に少ない男子

　保育実習前の接触体験では、男女ともに、「観察体験」（授乳・オムツ替えなどを見た体験など）→「ふれあい体験」（おんぶや抱っこをする・一緒に本を読んだなど）→「世話体験」（食べさせる・着替えさせるなど）の順番で頻度が減少していた。

　接触体験3項目で男女間に有意差（$p<.05^*$）があり、接触体験の男女差は極めて大きい。とくに男子では「観察体験」と「世話体験」が極端に低い。（図表5-8）

　幼児イメージ3尺度でも男女間に有意差（$p<.05^*$）があり、女子は「好意的イメージ」（楽しい・関心があるなど）と「幼児能力信頼感」（理解力や応答力がある・生きる力があるなど）の得点が高く、「否定的イメージ」（イライラする・せがまれると腹が立つなど）項目が低い。男子は「子どもは面白い」が中

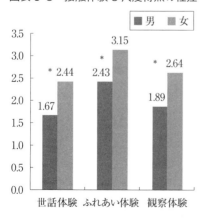

図表5-8　接触体験3尺度得点の性差

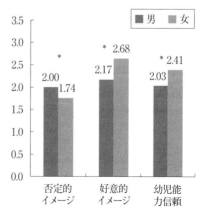

図表5-9　幼児イメージ3尺度得点の性差

央値を超える程度で、女子よりも「否定的イメージ」が高かった。(図表5-9)。

② 男子は自分への関心、女子は他人への配慮が高い

中学生の現在の自己への関心は、幼児との接触体験や幼児への関心と関連があった。現在の行動や対人関係への自己評価を求めたところ、「マイペースの尊重」(自分の目標がある・決めた手順を変えたくない・一度決めたことにこだわるなど)項目が高く、男女差はない。

男女間で差異があった項目は、男子は「自己信頼感」(自分が好き・自分への関心が高い)項目が高く、女子は「対人配慮」(他者の気持ちや相手のペースに合わせる、友達に相談される)項目が高かった。男子は自己への関心が高く、女子は他人への配慮や関心が強いという結果であった(図表5-10)。

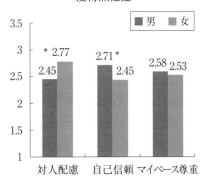

図表5-10　行動・対人関係評価3尺度得点性差

男女中学生の生活と幼児イメージの形成

中学2年生になるまでの13年間の生育過程において、彼らの幼児イメージはどのように形成されてきたのであろうか。

保育実習前調査では、「否定的イメージ」に関して男女差があったが、好意的イメージが高ければ否定的イメージは低く、「他者への配慮」よりも「自分のペースを尊重」する男女生徒ほど「否定的イメージ」が高かった。また、女子のみで、幼児との接触体験が多いことが「否定的イメージ」を増加させる傾向がみられた。マイペースを尊重する現代社会で生きる中学生女子にとって、幼児の言動は自分の行動やペースを乱し、自分の思い通りにならないと感じるために、接触体験が多い女子で「否定的イメージ」が高まる傾向があると考えられる。

(2) 保育実習体験の効果と影響要因
保育実習は否定的イメージを減少させる

中学校で実施されている保育体験実習は年に1回程度、数時間に過ぎない。本調査の中学生も、保育所を中心に1日3時間程度であった。女子は男子より経験回数が多かったが、初体験の生徒がほとんどであった。

中学生への保育体験の効果を調べるために、保育実習前後で幼児イメージについて同一の項目を尋ね、同一生徒の実習前後の得点を比較した。その結果、男女ともに「好意的イメージ」に変化はなく、男女ともに「否定的イメージ」は有意に低下していた（図表5-11）。

さらに男子では、幼児の理解力や応答力、生きる力への信頼感などの「幼児の能力信頼感」が高まる傾向が見られた。短い保育体験でも、男女ともにそれなりの効果があったといえる結果であった[7]。

男女中学生の否定的イメージ変化に与える要因

この調査では、保育実習体験の前後での変化を尋ねている。実習後の「否定的イメージ」の上昇群、無変化群、減少群の割合は以下である。「好意的イメー

図表5-11 幼児イメージ3得点変化の性差（実習前後差t検定）

	男子		女子	
	t値	有意差	t値	有意差
「否定的イメージ」得点	6.26	***	5.47	***
「好意的イメージ」得点	1.07	−	0.26	−
「幼児能力信頼」得点	1.79	†	0.55	−

***p<.001,　†p<.10,　−差なし

図表5-12 実習前後の「否定的イメージ」の変化割合
(人・%)

	減少群	上昇群	無変化群	計
男子	70 (62.0)	16 (14.2)	27 (23.9)	113 (100)
女子	55 (52.4)	10 (9.5)	40 (38.1)	105 (100)
計	125 (57.3)	26 (11.9)	67 (30.7)	218 (100)

ジ」「幼児の能力信頼」は、実習前後で男女ともほぼ同割合で上昇していたが、「否定的イメージ」因子は、男子の減少割合が高かった（図表5-12）。

そこで、「否定的イメージ」を変化させた要因を知るために、実習体験前後の否定的イメージを従属変数（結果）とし、その影響要因を独立変数（原因）として、因果関係を知るための統計分析（重回帰分析）を行った。

保育実習前では、男女ともに「好意的イメージ」が「否定的イメージ」低下要因に、「マイペース尊重」が上昇要因になっていた。女子のみ、接触体験の多さが「否定的イメージ」の上昇要因になる傾向がみられた（図表5-13-1）。

実習後では、要因に男女差が見られた。男子では、「きょうだい数が多いこと」と「幼児能力信頼感」が「否定的イメージ」低下要因に、「母親中心の子育て観」（子育ては女の仕事であるというジェンダー観）が上昇要因になっていた。女子では「好意的イメージ」が「否定的イメージ」低下要因に、「自己信頼感」が低下要因になる傾向があったが、実習前と同様、「接触体験」の多さが「否定的イメージ」上昇要因になる可能性を示した（図表5-13-2）。

否定的イメージに影響する要因の特徴として、男子ではきょうだい数や母親中心の育児観といった家庭の生育環境に関わる要因が、女子では幼児との接触体験の多さが影響するという結果になった。

男女ともに保育実習によって幼児へと関心が増し、否定的な幼児イメージ

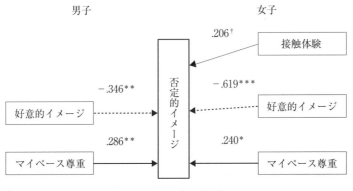

図表5-13-1　否定的イメージ要因（実習前）重回帰分析結果

（***p＜0.001，**p＜0.01，*p＜0.05，†p＜0.10）

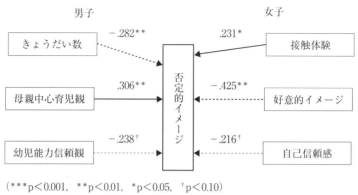

図表 5-13-2　否定的イメージ要因（実習後）重回帰分析結果

（***p＜0.001，**p＜0.01，*p＜0.05，†p＜0.10）

が減少したことは次世代養育力の観点からは望ましいことである。とくに、幼児との関わり体験機会がごく少なかった男子で、実習によって「否定的イメージ」が低下し、「幼児能力信頼感」の増加傾向が見られたことは重要である。きょうだいの多さが男子の否定的イメージ低下に効果があったように、幼児との接触体験の量は男子の幼児への感受性を高め、将来の父親準備性や育児参加促進につながることが予想される。

　対照的に女子では、「自己信頼感」をもつことが「否定的イメージ」の低下につながる傾向がある一方で、接触体験の量が女子の「否定的イメージ」を高めていたことが注目される。思春期を生きる女子中学生では、接触体験の多さは幼児への好意的な反応ばかりでなく忌避感をも高める要因にもなる可能性があることは、母親準備性にとっても看過できない事実である。

男子中学生の育児観に影響する家庭の性別役割観

　中学生が生育過程で経験してきた接触体験の内容や幼児イメージに関する性差は、極めて大きい。しかし、3時間前後の短い保育実習体験でも、男女ともに幼児への「否定的イメージ」を低下させ、男子の「幼児能力信頼感」を向上させる傾向が見られた。

　彼らの小学校就学のころの母親の就労率は35％、核家族が63％であること

からも、三歳児神話の影響力は大きい。幼い時期の性別役割観や母親中心育児の肯定感は次世代においても急激な変化は見られず、とくに男子では幼児イメージや男女の親役割観に大きな影響を与えていた。

男子は女子に比べ、生育歴の影響を知る指標の一つである自分の幼児期への満足度、親への親近感、将来の子ども願望などが低く、子どもへの関心は概して薄い。また、母親役割を強調する男子ほど幼児への否定的イメージが高いこと、きょうだいが多い男子は否定的イメージが低いことからも、母親やきょうだいとの家族関係や家庭での育ち方の影響が大きいことが予想される。

彼らは現在29歳になっており、次世代を産み育てるライフステージに達しようとしている。学校教育内での保育実習体験時間は限られているが、その短い体験の中でもとりわけ男子生徒が幼児への感受性や養護性を発達させ、幼児への関心を高め、その理解につながる結果になるのであれば、学校以外の地域社会活動やボランティア活動の中で、次世代の父親予備軍に親準備性を獲得させる機会の充実が求められる[8]。

2000年以降、全国大学での子ども学部・学科の設置は著しく、その多くは男女共学の方向で進んでいる。従来からの女子学生本位の伝統的カリキュラムと保育実習による保育士や幼稚園教諭養成機関においては、男子の次世代育成力養成を視野に入れた新しい発想からのプログラムや保育方法を含む保育実習のあり方が提示されなければならない時期に来ている。その際、次世代自身の中に無意識に組み込まれている根強い母親中心育児観からの発想の転換など、なお多くの課題が残されているといえよう。

女子中学生には子育て負担感を先取りさせない体験が必要

男女中学生の乳幼児との接触体験差は非常に大きく、男子は子どもへの否定的イメージが高く、自分への関心が高いマイペースな生活をめざしているようである。対照的に女子は男子よりも自分の幼児期の生育歴への満足度は高いが、接触体験の多さが幼児への好意的イメージにつながると同時に、忌避感を高める要因になっていることに注目しておきたい。

しかし、前述した幼稚園児の母親調査では、楽しい接触体験と嫌な接触体験

との相関は高く、接触体験が増えると嫌な体験も増えるが、楽しい体験だけでなく嫌な体験も母親の遊び接触や子ども中心育児観にプラスの効果があったことを思い出したい。育児期の若い親たちの多くの調査は、「子育ては楽しいが、辛いことも多い」という本音を語っているが、母親予備軍である女子中学生が保育体験を通して、子どもという存在が楽しいばかりでなく嫌な、辛い面をもつことに気づくことは重要なことである。

「自己信頼感」が女子中学生の否定的イメージ抑制要因になる傾向があることを合わせて考えると、自己実現の尊重と子どもとの接触を両立させる生活への将来展望がもてるような保育実習の取り組みや働きかけが欠かせない[9]。

●第5章のまとめ

接触体験が減少する少子化社会の今後を考えると、過去の体験不足を補う親役割体験学習の機会と次世代の親準備性育成のための保育体験など、多様な社会参加が必要な時代が来ている。

育児中の母親たちの過去の接触体験は概して少ないが、豊かな体験は子どもの育ちへの理解と関わり接触を高め、負の接触を抑制する効果があり、体験不足はスキンシップや子ども中心育児観を妨げ、体罰などの負の接触につながる傾向があった。

親予備軍である十代女子でも、接触体験の多さは子ども理解と好意的イメージ、関係作りスキルを促し、接触体験の少なさは否定的イメージを高め、スキル不安につながっていた。中学生の接触体験には大きな性差があったが、実習後の否定的イメージは男女ともに低下し、男子でより変化があり、次世代育成に一定の効果が見られた。子どもへの忌避感に影響する要因として、男子では性別役割観やきょうだい数など家庭の生育環境が、女子では接触体験の多さが影響するなど、性別役割観の影響はなお大きいといえよう。

参考文献

1) 本田和子　2007『子どもが忌避される時代』新曜社
2) 原田正文　2006『子育ての変貌と次世代育成支援』名古屋大学出版
3) 中野由美子　2005「次世代育成力の形成に関する調査研究Ⅱ──乳幼児との接触体験が子育

てに与える影響 ―」家庭教育研究所紀要 27
4) 中野由美子 2008「生育体験の次世代育成への影響 ― 性差と保育実習体験の効果」目白大学総合科学研究 4
5) 古井（坂本）千鶴子 2018「大学生の保育実習を通した養護性の変化に及ぼす要因」第71回日本保育学会口頭発表
6) 中野由美子・伊藤野里子他 2004「次世代育成力の形成に関する調査研究Ⅰ ― 接触体験・保育実習体験が中学生の幼児イメージに与える影響」目白大学人間社会学部紀要第 4
7) 伊藤葉子 2007「中・高生の家庭科の保育体験学習の教育的課題に関する検討」日本家政学会誌 Vol.58 No.6
8) 中野由美子 2006「中学生の幼児体験・保育実習体験が養護性の発達に与える影響 ― 次世代育成力の形成に関する調査研究Ⅲ」家庭教育研究所紀要 28 号
9) 中野由美子 2004「親子関係の変貌と子育て支援の方向性」家庭教育研究所紀要 24

第6章

子育ては生涯学習の原点
― 生命をみつめ・関係を紡ぎ・次世代につなぐ学び ―

　本章では、母親と支援者間の子育て支援に対するニーズギャップの調査データから、両者の相違点と共通項を探り、人生早期の子どもの育ちと親のライフスタイル選択について考える。

　親子が育つ環境が乏しい今、保育支援とともに親が養育力を身につけて子どもの育ちに自信をもてる支援、親キャリアをアップする支援が必要であろう。親準備性の乏しい世代が親として成熟し、子育てと仕事を両立させていくためには、親自身が年齢に応じた子どもの育ちと育て直しについて学ぶ機会をもつことが求められる。

第1節　親と支援者の子育て支援観のギャップ

（1）余裕がほしい親と養育力向上を求める支援者

　子育て支援についての大規模なアンケート調査（2005年）に参加したことがある。調査対象者は、全国の乳幼児・低学年児をもつ1万2千人余の親、行政型支援の担当者である保育者・学校関係者・子育て支援センター職員など約7百人、地域子育てグループ活動関係者約6百人であった。そこで注目されたのは、被支援者である親と支援者世代とのニーズギャップであった。

　子育て支援者に親について気になることを自由回答で尋ねると、「しつけができない・しつけようとしていない・コミュニケーションやスキンシップ不足・大人中心の生活や行動・子どもを他人任せにする・親が成長していない」などが挙げられた。

一方、被支援である親に共通するニーズは、就労の有無によって若干異なるが、経済的・時間的・精神的余裕を得ること、そのための支援であった。子育て中の親は、子育ては生活を楽しくさせ、人間的成長の機会になり、地域交流や友達関係も拡大したと思う反面、母親の60％以上が就業し、65％が経済的不安をかかえ、約50％が食事や夫婦の会話・交友などの時間的、精神的余裕がないと答えていた。「子育てだけでは満足できない・自分だけの時間がほしい・子どもを預かってほしい」親と、「自分中心の親が増えてきた・子育て中の親は我慢も必要・子どもが可哀そう」という支援者世代とのギャップが大きかった。

2005年の中央教育審議会答申は「子育て支援は親の育児を肩代わりするのではなく、親とともに子育てに参加し、親の養育力向上（親の育ち）を支援することを通じて、子どものよりよい育ちを実現するものとすべきである」と述べている。その支援目的は、親の教育力の再生・向上による家庭教育の質的向上にあった。子どもを預けて余裕をもちたい親の思いと、親の教育力を高めたい保育・教育関係者とのギャップは避けられない状況であった。

この時期の親の子育て支援への不満や要望は、地域のボランティア活動への期待となって現れていた。地域活動への親の希望率と保育・教育施設での実施率（カッコ内）を比較すると、①子ども対象の体験学習活動60％（68％）　②土日・放課後の子どもの居場所づくり50％（37％）　③気軽に利用できる一時保育49％（36％）　④親子参加行事41％（67％）　⑤子育て情報提供34％（64％）　⑥子育てボランティア育成が29％（19％）と、そのギャップは大きい。なかでも地域の子育てボランティア育成によって、保育・教育関係施設では満たされない「一時預かり」「土日・放課後の子どもの居場所」など、子ども預かり支援が期待されていた。

両者のギャップを埋めるために、さまざまな世代の地域・ボランティア活動の介入が期待された。保育・教育関係者ほどは教育的ではない異世代の支援者は、若い親と共感しやすく、ななめの関係、または横関係で相互理解や受容、対話が促進されるメリットがある。子育て支援における地域・ボランティア活動への期待は、小中学生から高齢者まであらゆる世代の地域住民が次世代育成に関心を持って活動に参加し、国・行政や保育・教育施設から金銭的、物理的、

教育的支援を引き出しつつ、地域資源づくり、人材育成やその活用をめざすことであった。この考え方は、その後の地域の子育て支援の基本的な方向となっていった[1]。

親と支援者のギャップは埋まったか

親と支援者のニーズギャップは、子育て支援制度や施設保育の拡大によって解消されたのであろうか。2013年に実施した子育て当事者と支援者との子育て意識比較調査から、子育て支援の世代間ギャップの行方を追ってみた。

調査対象者は、東京近郊県の大都市に住み、子育て拠点などの支援センターに参加している親（208人）と子育て支援者（180人）であり、両者にアンケート調査を実施した[2]。

親の属性は、95％が母親、中心は30代（20代10％、30代68％、40代22％）、90％が核家族、2/3は無職、子ども数は1〜2人（平均1.64人）、子育て仲間数は平均5.6人（2人以下20％）、母親の70％が配偶者の子育て参加に満足していた。

子育て支援者の属性は、90％が女性、30代〜60代（50代以上が70％）、60％は有職者、現在の子ども数は2〜3人（平均2.05人）、子育て中の仲間数は平均6.8人、自分の子育て中の配偶者参加に満足していた支援者は60％であった（図表6-1、6-2、6-3）。

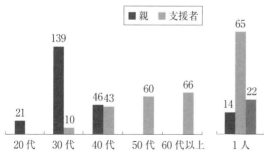

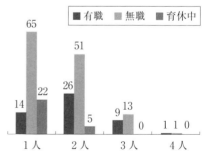

図表6-4 子育て中に欲しい支援・ほしかった支援（人）

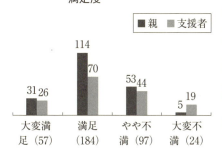

図表6-3 子育て中の配偶者の育児協力満足度

	親	支援者
子どもを預ける場所・人	45	40
親子が気兼ねなく過ごせる場	44	16
制度的支援	39	17
交流・相談の場	14	16
子ども対象のイベント	8	0
街の環境整備	4	3
親の学習機会	3	1
夫の子育て参加	0	17
その他	0	3

育児期にほしい支援は同じ

　子育て中の親が希望する支援は、①一時保育　②親子が過ごせる場所　③制度的支援　④交流や相談の場であった。支援者が自分の子育て中に欲しかった支援は、①一時保育　②制度的支援　③自分の時間・夫の育児参加　④親子が過ごせる場所　⑤交流や相談の場の順であった。順番はやや異なるが、希望する育児期の子育て支援の内容では共通点が多い（図表6-4）。

　支援者たちは、「自分の時間がほしい」「夫の在宅や子育て参加を望む」人が多いなど、個人的次元での希望に集中していた。しかし、時代が変わるとともに、若い世代が望む支援の希望内容は公的支援に期待の重点が移り、そのレベルも高くなっている。同じ一時保育でも、「緊急時に予約なしでも、休日でも、安い費用で」預かってくれる場を希望し、親子交流の場でも、「一日中遊べる屋内施設、飲食を共にできる場所、遊びの広場やプレーパーク」など、制度的支援では「保育所の増加」「保育料や学費を安く」「医療費の無料化」「予約なしで相談ができる場」など、物理的支援を中心に行政への要望が高かった。

（2）親と支援者の子育て行動・意識を比較する

　支援者たちが、活動の中で日ごろ感じている子育て中の親の行動・意識を自由記述してもらい40項目にまとめ、親と支援者に4段階（いつもしている〜

全くしないの4〜1）で評価してもらった結果、その評定は大きく異なった。

親と支援者間に差異がない項目は、「子どもから離れた自分の時間がほしい」「わが子がきちんと育っているか心配している」「子育て責任は母親にあると思う」「公共の場で子どもが騒ぐと母親が悪いという目で見られる」「親としての自信や方針がないと思う」「子連れの外出は煩わしいと感じる」の6項目であった。子育てへの母親責任の強調や母親への社会的視線の受け止め方、子どもか

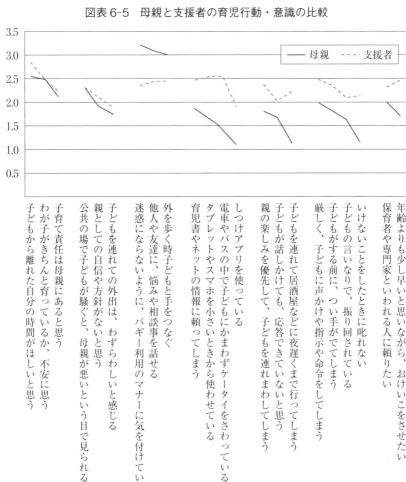

図表6-5　母親と支援者の育児行動・意識の比較

（左から）
- 年齢よりも少し早いと思いながら、おけいこをさせたい
- 保育者や専門家といわれる人に頼りたい
- いけないことをしたときに叱れない
- 子どもの言いなりで、振り回されている
- 子どもがする前に、つい手がでてしまう
- 厳しく、子どもに声かけや指示や命令をしてしまう
- 親の楽しみを優先して、子どもを連れまわしてしまう
- 子どもが話しかけても、応答できていないと思う
- 子どもを連れて居酒屋などに夜遅くまで行ってしまう
- 電車やバスの中で子どもにかまわずケータイをさわっている
- タブレットやスマホを小さいときから使わせている
- しつけアプリを使っている
- 育児書やネットの情報に頼ってしまう
- 外を歩く時子どもと手をつなぐ
- 他人や友達に、悩みや相談事を話せる
- 迷惑にならないように、バギー利用のマナーに気を付けている
- 子どもを連れての外出は、わずらわしいと感じる
- 親としての自信や方針がないと思う
- 公共の場で子どもが騒ぐと、母親が悪いという目で見られる
- 子育て責任は母親にあると思う
- わが子がきちんと育っているか、不安に思う
- 子どもから離れた自分の時間がほしいと思う

ら離れた時間や子育てに余裕が欲しいという気持ち、子育て自信や方針の希薄さ、子どもの育ちへの不安では共通していた。

親が支援者よりも高い項目は、「街中でバギーなどを迷惑にならないように利用している」「他人や友達に悩みや相談事を話せる」「外を歩くとき子どもと手をつなぐ」の3項目であり、母親たちはとかく非難されがちな外出時のマナーに気を遣っていた。また、約20％の親が子育て仲間がいないと答えていたが、多くの母親は相談できるママ友をもっている様子がうかがえた。

マナーに関する3項目以外の多くの項目で支援者は親よりも得点が高く、支援者世代が親を見る視線は厳しい。支援者が親よりも高い多くの項目には、情報機器の使用に関する項目（ネット情報への依存・スマホやタブレットの早期からの使用・電車内でのスマホやしつけアプリの使用）、親の生活・ペースを優先させる生活（子どもを連れ回す・子どもへの応答が少ない・夜遅く居酒屋にいる）、しつけ方の未熟さに関する項目（指示や命令が多い・親の過干渉・子どもに振り回されている・叱れない）、子どもを預けたい願望（保育者や専門家への依存・早期からのおけいこ）などが中心であった（図表6-5）。

親の意識・行動の背景にあるもの

子育て行動・意識40項目を、親と支援者ごとに共通のまとまり（因子）を探してみると、親世代では4つ、支援者世代では3つの因子が得られた。

親は、Ⅰ対応・しつけの未熟さ、Ⅱ親の生活・ペースの優先、Ⅲ子どもを預けたい願望、Ⅳ外出願望とマナーの4つである。支援者は、Ⅰ対応・しつけの未熟さ、Ⅱ子育て自信のなさ、Ⅲ早期成熟願望の3つである（図表6-6）。

親と支援者の共通項は、親の対応・しつけの未熟さの確認と、子どもを預けたい・早く大人になってほしいなどの子離れ願望の強さである。支援者が、親の養育力の未熟さ、成熟を焦らされる子どもと親の関係に重点を置いて評定していたのに対し、親は対応・しつけの未熟さを自覚し迷いながら子育てをしており、子どもよりも親のペースを優先させる生活になりがちで、子どもとの外出はわずらわしいし子どもを預けたいと思い、周囲に気を遣いながらもママ友を求めて外出願望は抑えられないという気持ちが伝わってくる結果である。

図表 6-6　親自身と支援者との親の育児行動・意識に対する比較

親の育児の行動・意識に関する親自身の4因子
Ⅰ　対応・しつけの未熟さ 子どもの長所やよさに気づかず、短所が気になってしまう 厳しく、子どもに声かけや指示や命令をしてしまう 子どもがする前に、つい手がでてしまう 子どもが話しかけても、応答できていないと思う Ⅱ　親の生活・ペース優先 親のペースで動いていて、子どもに合わせてやれない 親の楽しみを優先して、子どもを連れまわしてしまう 公園で遊ばせるより、複合商業施設などで過ごしている Ⅲ　子ども預け願望 子どもを連れての外出は、わずらわしいと感じる 保育者や専門家といわれる人に頼りたい Ⅳ　外出時の配慮 外を歩く時子どもと手をつなぐ 迷惑にならないように、バギー利用のマナーに気を付けている
親の育児行動・意識に関する支援者の3因子
Ⅰ　対応・しつけの未熟さ いけない事をしたときに叱れない 子どもの表情を見て気持ちを察することが苦手である スーパーなどで子どもが走り回っても注意しない 子どもが泣いていても立ち話に夢中になっている きつい言い方で子どもに声かけ・指示・命令をしてしまう 毎日の食事作りにコンビニや冷凍食品の利用が多い Ⅱ　子育て自信のなさ 保育者や専門家といわれる人に頼りたいと思っている 自分の子育てや子どものそだちについて人目を気にしている よその子と比べてわが子を頑張らせる 育児書やネット情報に頼ってしまう Ⅲ　早期成熟願望 タブレットやスマホを小さい時から使わせている 年齢よりも少し早いと思いながら、おけいこをさせる

母親の行動・意識は年齢・仕事の有無・子ども数で異なる

　育児中の母親は20代～40代にわたり、属性も多様化している。育児世代の行動・意識は、親の年齢、職業の有無、子ども数などによって異なることに配慮し、支援者は日々の活動に活かしていくことが求められる。

第6章 子育ては生涯学習の原点―生命をみつめ・関係を紡ぎ・次世代につなぐ学び―

図表6-7 子ども数別「育児行動・意識」の差

対応やしつけの未熟さ		子ども数別の差
子どもの長所やよさに気づかず、短所が気になってしまう		2人・3人＞1人
電車やバスの中で子どもが泣いていても、ほっておく	4	＞1・2
子どもを制止するときに、遠くから大声で声をかけるだけ	2	＞1
厳しく、子どもに声かけや指示や命令をしてしまう	2・3	＞1
外を歩く時子どもと手をつなぐ	2	＞1
子どもの表情を見て気持ちを察することが苦手である	1	＞2・3
保育者や専門家といわれる人に頼りたい	1	＞2・3
子どもの言いなりで、振り回されている	1	＞2・3
公園で遊ばせるより複合商業施設などで過ごしている	1	＞2・3
育児書やネットの情報に頼ってしまう	1	＞2・3

（＞の印はp＜0.05の有差異があることを示す）

　子ども数による親の行動・意識を統計的に比較してみた（図表6-7）。
　初めての育児に直面する1人目の母親は2人以上の母親よりも、情報に依存しやすく、子どもの表情から気持ちを察することが苦手で、子どもに振り回されやすく、対応・しつけの未熟さを感じながら、子ども中心の育児をしている。第2子、第3子の親は、泣いてもほっておく、指示や命令によるしつけが多い、他の子と比較して短所が気になるなど、子どもへの対応や距離のとり方が異なり、親中心の生活になっている。
　母親の年齢別に親の行動・意識を統計的に比較してみた。人口問題研究所によると、第一子の4人に1人、20代前半までの出産の60％である結婚前妊娠（できちゃった婚）は、年齢も若く、夫婦関係が安定する前に親子関係が同時進行する家族形成には問題が起きやすいといわれる。
　本調査の20代の親は21人（10％）に過ぎないが、30代・40代の親よりも、しつけアプリやフェイスブックなどの情報機器の利用が多く、母親責任感は強いがしつけの未熟さを自覚し、子育てに自信がない母親が多い。公共の場で子どもが泣いてもほっておくことが多く、子どもが騒ぐと母親が白い目で見られるので人目が気になるという。母親も人生経験や子育て経験によってその役割を変化させていくが、今後の親世代にとっては、子育て情報やメディア接触の

図表6-8 親の年齢別「育児行動・意識」の差

	20・30・40代の差の検定
しつけアプリを使っている	20＞30・40
子育て責任は母親にあると思う	20＞30・40
公共の場で子どもが騒ぐと、母親が悪いという目で見られる	20＞30・40
自分の子育てや子どもの育ちについて、人目が気になる	20＞30・40
電車やバスの中で子どもが泣いていても、ほっておく	20・30＞40
フェイスブックなどに子どもの写真などの個人情報をのせている	20　　＞40
親としての自信や方針がないと思う	20　　＞40

（＞の印は p＜0.05 の有意差があることを示す）

図表6-9 親の職業有無別「育児行動・意識」の差

	有職・無職・育休中の差
子どもを連れて居酒屋などに夜遅くまで行ってしまう	有職＞無職・育休中
厳しく、子どもに声かけや指示や命令をしてしまう	有職＞無職・育休中
子育て責任は母親にあると思う	育休中＞有・無
保育者や専門家といわれる人に頼りたい	育休中・無＞有
他の子が使ったおもちゃは汚いので使わせたくない	育休中＞有・無
公園で遊ばせるより複合商業施設などで過ごしている	育休中＞有・無
育児書やネットの情報に頼ってしまう	育休中＞無＞有

（＞の印は p＜0.05 の有意差があることを示す）

影響が大きくなることが予想される（図表6-8）。

　母親の職業有無別に、親の行動・意識を統計的に比較してみた。育休中の母親は、有職・無職よりも子育て責任感が強く、育児不安が高い。育児情報や専門家に頼る気持ちが強く、公園よりも複合商業施設で過ごす母親が多い。

　一方、有職の母親は、夜遅くまで子ども連れで居酒屋にいる、子どもに厳しく指示命令する傾向が強いなど、親中心の育児に傾きやすいようだ（図表6-9）。

支援者の年齢によって母親評価は異なる

　支援者世代は、母親たちの保育体験不足が子育て自信のなさ・子どもへの対応・しつけの未熟さにつながり、子どもに早く育ってほしいと年齢以上の要求やしつけをする親の早期成熟願望を心配していた。

第6章　子育ては生涯学習の原点―生命をみつめ・関係を紡ぎ・次世代につなぐ学び―　107

図表6-10　支援者の年齢別「育児行動・意識」の差

しつけの未熟さ	
子どもを制止するときに、遠くから大声で声かけだけをする	40＞60
子どもがする前に、手出しをしてしまう	40＞60
子どもの言いなりで、振り回されている	40＞60
親のペース優先	
子どもから離れた時間がほしいと思っている	40＞60
タブレットやスマホを小さいときから使わせている	40＞60
親のペースで動いていて、子どもに合わせてやれない	40＞60
公園で遊ばせるより、複合商業施設などで過ごしている	40＞60
子育て自信なさ	
自分の子育てや子どもの育ちについて人目を気にしている	40＞60
親としての自信や方針がないと思う	40＞60
育児書やネットの情報に頼ってしまう	40＞60
子どもの長所やよさに気づかず、短所を気にしている	40・50＞60
年齢よりも少し早いと思いながら、おけいこをさせる	40＞50
おもちゃがないと子どもは遊べないと思っている	40＞30・50・60
よその子と比べて、わが子をがんばらせてしまう	40＞50・60
親の楽しみを優先して、子どもを連れまわしている	50＞60
子どもの表情を見て気持ちを察することが苦手である	30・60＞50
フェイスブックなどに子どもの写真などの個人情報をのせている	30＞60
わが子がきちんと育っているか、不安に思う	30・40・50＞60
外を歩くとき、子どもと手をつないで歩いている	30＞40・50

（＞の印はp＜0.05の有意差があることを示す）

　支援者の年代別では、親の世代に近い40代の支援者は祖父母世代に近い60代よりも母親への評価が厳しかった。40代の支援者は、子どもへの対応・しつけの未熟さ・親中心の生活の優先、子育て自信のなさ、子どもへの早期成熟願望などのすべての領域で、60代の支援者よりも母親に対する評価が有意に厳しかった。孫にやさしいといわれるおばあちゃん世代は、支援者としても祖父母的な存在になるようである。
　子育て中の親と支援者には40代がほぼ同人数（46人、43人）いたので、両者の子育て行動・意識評価を比較してみたが、40代の支援者は40代の母親

に対しても同様に厳しい評価をしていた。子育て当事者に最も年齢の近い40代でも、支援者という役割や立場になると子育て当事者に厳しい評価になるという事実は、親と支援者の連携の難しさを物語っている（図表6-10）。

「子育て支援はわがままな親を作る」と批判される時代もあったが、十数年前に比べると最近ではこうした批判は陰に隠れている。若い支援者が親に厳しい評価をする現状も確かにあるが、支援者たちも若い親たちの置かれた育児環境の困難さを理解し、子どもの健全な育ちを助ける家庭への支援姿勢を整えつつあるように思われる。

第2節　子育てと仕事志向の葛藤

（1）葛藤する子育てと仕事の両立

現代の母親たちは、自己実現と親役割の葛藤の中にいる。ひと昔前とは異なり、自己実現を求めて社会生活を経験した世代の母親たちは、子育てだけではない自分の人生を描くようになっている。

2003年と12年後を比べると、3歳未満児の母親の就労率は約15％上昇、幼い子どもをもって就労する母親が増加している。常勤職は約20％で多くは

図表6-11　末子年齢別母親就労割合（国民生活基礎調査2016）

	0歳	1歳	2歳	3歳	4歳	5歳	6歳
正規	25.7	25.7	22.9	22.0	20.8	20.2	21.6
非正規	9	18	23.4	30.1	35.7	34.5	36.2
その他	4.6	6.4	4.6	7.6	7.6	9.9	9.4
無職	60.7	49.9	46.1	40.3	35.9	35.4	32.8

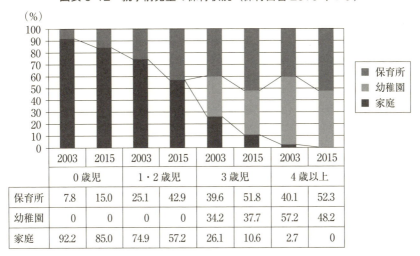

図表6-12　就学前児童の保育状況（保育白書2016年から）

パート・アルバイトであるが、2015年には、0歳児の39％、1歳児の50％、2歳児の54％、3歳児を超えると60％を超える母親が就労している（図表6-11）。子育て支援の拡がりとともに、待機児の8割が2歳児以下だといわれるように、乳児保育は需要に追いつけない現状にある。0歳児の約15％、1歳〜2歳児の43％、0〜2歳児全体の32％が保育所に通っている（図表6-12）。

原則8時間である保育時間は11時間が一般的であり、延長保育を実施する園も多い。低年齢からの長時間保育の一般化によって、親の子育て負担は軽減されるが、同時に親子関係を深める機会が減少し、親子が育つための時間と環境、楽しみや育児効力感が失われていく[3]。

その一方、第1子出産後に母親の47％が離職し、育児に専念する（出生動向基本調査、2015）。退職理由は、育児に専念したい、支援制度が不十分で両立が困難、体調不良などであるが、3歳までの母親による家庭保育がその後の発達に与える影響の大きさが強調される「三つ子の魂百まで」「三歳児神話」なども影響している。保育士の中には、経済的に可能ならばわが子は自分で育てたい、乳児期のわが子の育ちを自分の目で確認しておきたい、わが子を育てた経験は再就職に役立つはずなど、乳児期は家庭で育てたいと考える人も多

い。

　ライフスタイルの多様化によって母親自身の時間を求める欲求は強まり、子どもを預けて自分の自由時間がほしい、保育者や保育の専門家に頼ってよりよく育ててほしいと希望する母親も増えている。「子どもとの接し方がわからない」「日常的な支援がない」「日中子どもと2人きり」「悩みや不安を聞いてくれる仲間が欲しい」という要望に応えて、親子の居場所づくり事業である親子のつどいの広場や地域子育て支援拠点が創設されてきた。子育て当事者同士の交流と子育て相談、子育て情報や施設利用の相談などが中心であり、一時預かりを実施する所も最近では増えている。

感情労働化する子育て

　保育者を辞めて子育てに専念した母親の多くが、「保育者より親の方が大変」という。保育者は客観的な発達基準で目前の子どもを見て保育や発達支援をするのに対して、親は家族的背景や親の欲望や期待などの感情をもち、理想の子ども像を追い求めながら子育てをする。子どもの育ちの現実と理想のズレから生じるイライラや喪失感は、保育者にはない感情統制を求める。その典型が乳幼児期からの早期教育であろう。できたら誉めて抱きしめ、できなくても感情を抑えて笑顔で関わるように、親の感情統制を前提に行われているからである。

　親にふさわしい態度や行動からの逸脱と見なされると、「親のくせに」「親の顔が見たい」と批判されることも多い。人の目を気にする若い親世代にとっては、相手との関係を損なわないために自分の感情を抑圧する、鼓舞するなど、相手や場面に合わせて感情・表情などの演技をする感情統制を求められる場面も多い。

　感情労働とは、「自分の感情を制御し、相手の感情に合わせて対応することで、対価を売る労働」と定義される。サービス業である接客業、医療（看護師や医師）、福祉（介護士や保健師）、教育（教員や保育者）などがその典型であり、サービス対象である顧客や患者、子どもや高齢者などの社会的弱者の状況に合わせて、癒しとホスピタリティの精神に基づいて、自分の感情を巧みに使

い分ける精神的・肉体的労働である。親の子育ては、交代も休暇もなく、義務や責任を一人に問われる特殊なワンオペ労働であり、対価の伴わない感情労働ともいえる[4]。

　保育所や一時保育などの社会的支援は、確かに親の物理的負担は軽減するが、必ずしも親の精神的安定につながるわけではない。子育てにおける親の感情統制軽減のためには、母親が大人の生活リズムや会話を取り戻す時間、自分の生活に戻れる時間（マミーズタイム）が必要であり、それが子育てを安定させる。同時に、親が自分の価値観や感情に気づき、当事者同士がその感情を分かち合いながら、子育て期を乗り越えていく術を身につける機会が必要である。

　とくに、家庭や子どもに問題がある、あるいは親自身に精神的な問題がある場合などには、親の怒りや不安の感情統制が困難になって不適切な養育に陥りやすく、虐待や育児放棄につながる心配もある。父親の育児参加や子育て支援の広がりに関わらず増えていく虐待不安は、仕事と家庭、子育ての三重責任を背負う母親の心理的負担感を反映しているといえよう。

ライフスタイルの多様化と親子の生活リズムのズレ

　乳児と親の生活ペースはまったく違う。大人とは異なるリズムと自我を持つ乳幼児の欲求や感情を読み取り手探りで対応する生活、もの言わぬ乳児の世話に四六時中拘束される子育ての時間は楽しいことばかりではない。育てる者にとっては楽しい反面、きつい仕事（3K）という両極性がある。

　母親のストレス解消は、子どもから離れて自己実現すること、気晴らしに外出し子育て当事者（ママ友）との時間を楽しむことである。ママ友とのつながりは、母親のストレス解放と孤立した家庭に風穴を開ける。他者からの子育て評価に敏感である母親たちも、当事者同士のつながりの中で安心できる仲間関係を築いていけるようだ[5]。

　しかし、親の早期成熟願望や子ども預け願望が行き過ぎると、乳児のリズムを無視した親のペース優先の生活につながり、子どもの発達に混乱が起き、将来、複雑な親子関係をもたらしかねない。子育ては乳幼児期で終わるのでは

図表 6-13 親の変化と親子の生活リズムのズレ

```
・第1子出産後の母親は 60％が離職　0～2歳児の 75％が在宅保育
・子育て拠点・ひろばへの参加者は 0～2歳児の親子が中心
・子ども1人の親や育休中の親など初めての子育ては不安
```

```
● 親の外出欲求と公共の場での配慮
　　親子だけで家庭にいるとつらい　外出・公共の場での配慮は必要
　　母親の気晴らしと子どもの友達探しに外出したい
● 他者評価に敏感（他人の目が気になる）
● 精神的な安定剤はママ友（子育て当事者）とのつながり
```

```
● 親の生活・ペースの優先
● 親の時間がほしい
```

```
● 子ども預けたい願望
● 専門家に頼りたい
```

拡大する親子の生活リズムのズレ

子どもの発達の混乱

ない。思春期・青年期までの長い期間の積み重ねを経て、子どもは一人前に育っていく。子どもに関わる親の時間は、子どもが家庭で親に育てられる権利や最善の利益、将来の親子関係や生涯発達を視野に入れて長期的に考えなければならない（図表 6-13）。

（2）異文化としての乳児期の子育て

ヒトの発達には生得的に決められた順序性と個性があり、その基礎の部分は保育指針で乳児保育（0歳～2歳児）といわれる期間に形成される。その多くは身近な人とのからだ、視線、音声などの身体的リズムの相互作用によって培われる力であり、非言語コミュニケーションを主とする親や保育者の身体感覚や感受性を駆使する働きかけが必要になる[6]。

乳児が育つプログラムの特殊性

① からだのリズムの共有から心理的絆が形成される

　早期の子育ては特殊である。乳児と親しい人との間には、身体リズムの無意識な同調や共有が起こり、感性情報が伝わる。〈抱く―しがみつく〉初期の母子関係は、互いの身体リズムに同調することから安心感を生む。泣き声が親の授乳を促し、親の呼吸や心拍数が乳児の緊張をほぐすように、母子間での身体リズムの共有から相互の安心感や信頼感が生まれる。

② 視線の共有から模倣・共感が生まれる

　親しい人同士の間での〈見る―見られる〉関係は、まなざし・表情などの視覚的やりとりによって、互いを鏡として微妙な変化を読みとる。視覚的変化を理解し意識的に模倣する力の発達は、表情の変化だけで推測、判断する力（社会的承認）や状況や場の空気を読む力を育てていく。さらに親と視線を共有（共同注意）することを覚えると、モノを指さしてモノに言葉があることに気づき、言葉の模倣へと進化する。

③ 音声リズムのやりとりからイメージや言葉が育つ

　身体言語（身振りや指さし）は言葉による〈聞く―話す〉関係、音声言語に進化する。最近の研究では、観察・模倣・共感をつなぐ脳内の特定箇所（ミラーニューロン）が言葉を発する領域（運動性言語野）にあり、人としてのコミュニケーション力の要所であるといわれている。

④ 遊びの中に現れる総合的発達の姿

　昔からの伝承遊びは、身体と五感を揺さぶる歌やはやしのリズムがあり、言葉と行動を模倣しながら観察力や模倣力、共感力や言語力を自然に培うことによって、大人と子どもを交流させる魔法の手段である。大人との交流遊びはやがて仲間とのやり取りに発展し、互いに学び合う力に育っていく

発達の土台となる３つの発達課題

　身近な人との身体リズムの相互作用によって培われる乳児期の発達は、生きる力の土台を形成する。乳児期に身体が活発に動き、表情や言動で自己表現し、人への関心が育っている子どもは、心の状態が伝わり人とつながりやすい

ので、自我形成と安定した集団保育が可能になる。
① 愛着形成は心身の安定と意欲を育てる

人生早期の愛着形成は、将来の子どもの非認知能力の土台となる情緒的安定のみならず、自発性や意欲、人間関係を豊かにし、自立へと向かう心の姿勢を形成する最も大切な発達課題である。生理的欲求を満たせない乳幼児にとって保護者との心理的絆は、不安解消ばかりでなく、好奇心・意欲をもって自発的に環境に働きかける力の拠り所、「安心の基地」となる。同時に、喜怒哀楽などの心の状態を表出する力につながり、他者との良好な関係づくりを助ける。

② 生活リズムの調整と生活習慣のしつけ

早期の発達課題の第2は、依存から自立に向かう意欲の育成と生活習慣づくりである。保育所では、生活習慣の指導は2歳児の課題であり、自分で食べて排泄の準備をし、健康を守るために着脱・手洗い・睡眠の習慣に馴染み、自分でできるようになるための習慣づけの方法を工夫している。

親になる以前の乳幼児との生活体験は極端に減っており、多くの親にとって、5つの生活習慣(食事・排泄・着脱・清潔・睡眠)づくりは初めて経験する困難な課題になりつつある。この20年間、1歳〜2歳児の生活習慣の変化は著しい。夜型生活リズムを反映して睡眠時刻が遅くなり、紙おむつの普及とともに排泄訓練開始時期は1年近くも遅れ、2歳児後半で約半数が開始し、排尿自立は3歳〜4歳、排便の自立は5〜6歳である[7]。

③ 応答的環境づくり

早期の発達課題の第3は、応答的コミュニケーションづくりである。2歳までの言葉の発達は、身体言語から物のやりとりへ、イメージや言葉によるやりとりへと著しい。指さし行動はこの時期の重要なサインであり、指さす対象に音声記号(言葉)があることに気づき、模倣して言葉を話し、内面のイメージや思いを言葉でコミュニケーションするようになる。しかし、状況に依存した2歳頃ころまでの言葉は大人の了解や代弁の援助をえてより豊かさを増し、「命名期」や「反抗期」を経て、3歳頃には日常会話が可能になる。

言葉の発達には、人による応答的環境が不可欠である。早期からのメディアや電子機器との接触の多さは、一方的コミュニケーションや人への関心の薄さ、表情の分化の少なさ、発話の遅さなどにつながりやすいことに留意したい。

子育てと仕事の調整感覚を養う

　最近最も危惧されるのは、言葉でやり取りができる以前の子どもへの無理解やマルトリートメントではないだろうか。最初の3年間の発達の基盤は、言葉や知識ではなく、もっと原初的な五感の力・見えない力、スターンが「間主観性」とよぶ科学知を超えた力に依存している。

　親の生活リズムは激変しても、子どもが育つプログラムが急変するわけではない。言葉やメディアからの大量情報による一方的な働きかけは、子どもの生得的リズムに合致しにくく、身体感覚や生活リズムが不規則で模倣力や共感性に乏しく、応答性の少ない〈気になる子〉も現れる。

　言葉と情報に頼る親側の生活リズムと、身体感覚や模倣力、共感性や応答性からなる子どもの発達リズムとのズレから、親は期待通りに子どもが育たないことに不安やストレスを感じ、子育てを楽しむことが難しくなる。大人の生活感覚が子どもの生得的リズムとかけ離れ過ぎると、親は子どもに付き合うのが面倒くさい、辛いと感じ始め、とくに言葉によるコミュニケーションが困難な幼い子への怒りの感情を生みやすい。生物としてのヒトや生命への愛おしさ・かわいさの感受性が引き出されないまま、養育拒否や児童虐待に至ってしまう現代の親の未熟さが懸念される。

　働く母親が増加した最近では、再就職の時期を決めかねている育休中の母親、子育てだけに明け暮れる生活に不安やストレスを感じて焦る専業母親も増えている。親は、前述の発達の土台となる3つの発達課題を整えて、子どもが安定した集団保育を経験できるように、年齢や育ちに合わせた親子分離のための心身の準備を心がけたい。

　仕事と子育ての原理には異なる点も多いが、育児経験は仕事復帰にとって、マイナスばかりではなく、仕事と育児で求められる能力には共通点もある。育

児を一人で抱え込めないワーキングマザーは、配偶者や親族、ママ友や保育所などのチームで育児をせざるを得ない。そこで、親同士のネットワークや家庭外との連携や相互支援のつながりを充実させることに努めるが、人を巻き込むこの力は、組織への適応力やリーダーシップ能力、広い視野からの判断力につながる可能性を秘めている。

園や学校との連携は子どもの生命線ともいえる。親子関係と同様に先生と子どもの関係にも相性があり、集団適応にとっての最良の支援者である先生と良好な関係を築き、わが子の成長につながる関係を築いていくために、物事に対する柔軟性や自己理解、我慢力や自我の強さなど、親として過ごした生活の中で培われた成長や発達の成果が効力を発することにもつながる[8]。

(3) 子どもの育て直しと親性を引き出す支援

乳児を育てる親たちは、子育ての最初に最も困難な仕事に直面する。親としての準備も訓練や資格のための事前学習もなく、無報酬・無制限のワンオペ労働に取り組むことになるから、新米の親が失敗する可能性は十分にある。

生命に学び（子どもから学び）、育てる者同士が関係を紡ぎ（つながって学びを深め合い）、次世代（わが子や次世代）につながっていく子育ては、多くの人との出会いと経験の交流による共同作業であり、社会的支援は欠かせない。

乳幼児期の育ちと育て直し

最近は早期から集団生活に参加する乳幼児が増え、家庭での育ちを知る機会が早まったこともあり、「気になる子」や「発達に問題ある子ども」の発見や支援が早期化している。育ち損ねた発達の偏りに早期に気づき、育て直しの機会を支援することによって、将来の安定した育ちにつなげていこうとする取り組みを紹介しておきたい（図表6-14）[9]。

臨床経験から得られた乳幼児期の発達7段階と、その時期の育ちと育て直しの支援方法が述べられている。年齢に応じた発達に必要な力が育っているかをよく観察し、育て直しを始める月齢の目安を判断し、短時間でも一対一での濃

第6章　子育ては生涯学習の原点─生命をみつめ・関係を紡ぎ・次世代につなぐ学び─

図表6-14　乳幼児期の育ちと育て直し─問われる乳幼児体験

月年齢	育て直しの課題	必要な発達行動	育て直しの関わり方
①0月〜3か月	快適な身体接触経験不足	泣く・微笑む（反射行動）	快適な身体接触で信頼関係づくりを
②3月〜6か月	新奇刺激への不安の解消	ぐずる・しがみつく抱っこ	身体接触で守られている感覚を伝える
②6月〜1.3歳	見捨てられ不安解消人への不安解消	人見知り・後追い	見捨てられ体験を解消する関わり対応
④1.3歳〜2.6歳	経験を言語化する体験の不足	指さし・模倣・探索行動・指示理解	感情・行動・意思の解釈と代弁による共感づくり
⑤2.6歳〜4.6歳	対等2人仲間関係の経験不足	反抗期・赤ちゃん返り・2人仲間経験	自己主張と自己抑制のバランス教える
⑥4.6歳〜6歳	対等3人仲間関係の経験不足	集団を求める・けんか・3人仲間経験	両者の言い分を言語・行動で意識化する仲介をする
⑦6歳〜9歳	勤勉性を育てる自己学習意欲	熱中体験・親より友達・内面の成長	意欲を引き出す関わり（見守る・ほめる・励ます）

（角田春高「育て直し─問われる乳幼児体験」エイデル社より筆者作成）

厚な関わり方を継続すると、育ち直す力を潜在している子どもは3か月で効果を現わし、子どもから応答するようになるという。育て直しのポイントは、大人との愛着と信頼感の形成、経験の共有による言語化と自己表現力の支援、仲間とつながる力の形成である社会的スキルの再形成に外ならない。

①　生後3か月まで：外界刺激の受信器である身体・五感に快い身体接触や感覚的刺激を受けて、表情や目線などの「非言語的関わり」の手段を獲得すること。

②　6か月まで：新奇刺激を楽しむ関わりや感覚を身につけ、大人から守られ受け入れられる「安心の感覚」を体得すること。

③　1歳3か月まで：愛着行動を試しながらまるごと受け止められる体験をすることで、「大人への愛着感」を得ること。

④　2歳半ころまで：大人に代弁してもらいつつ、経験した感情や欲求・行動を「言語化し伝達する力」を養うこと。十分に表現、伝達できない感情・行動・意思などを言語で代弁してもらう経験が特定の大人への愛着感を強固なものにし、生きていく土台である人との基本的信頼感が形成

されて大人との関係性が安定すると、友達や見知らぬ人へと広がっていく。
⑤ 2歳から4歳頃：言葉やイメージを使って対等な2人関係を経験することによって、自己主張と自己抑制のバランスを体得すること。
⑥ 6歳まで：社会関係の基礎となる対等な3人仲間関係を言語や行動で意識化・調整する社会的スキルを獲得すること。
⑦ 学童期の6歳～9歳：友達との関係づくりのスキルを土台に、発達課題である勤勉性・自己学習意欲の獲得が可能になる。

親性を引き出す家庭支援

　平成10年（1998）の厚生白書で、「三歳児神話には少なくとも合理的な根拠はない」と否定された。母親のワンオペ育児、母親役割の大きさのみが強調されるわが国での画期的な出来事であった。それから20年、育児休業取得率の男女差はなお大きく、70％の母親が人生の一時期を子育てに専念している。先進国の中には、人生早期の子育ては親が望ましい、または親の権利であるとして0歳児保育を回避する国もある。

　早くから保育所で育つ子どもの増加とともに、保育者による家庭支援は広がりを見せている。乳幼児の育ちに直面している保育者たちは、親や家庭との連携が不可欠なこと、親を支え、親が育っていく環境づくりが園の役割の一部であることを実感し、日々の保育を通して、親に何を感じ、何を伝え、何を学んで欲しいのかを問い始めている。経験豊かな保育者ほど、子どもの様子から親子関係にズレがあると感じたときには、実際に親子への具体的な支援を実施している。

　保育者は、日々乳幼児を抱き、見つめあい、あやし、愛着を育て、身体と心と言葉で関わる感覚的・間身体的接触を通して、人生の土台になる前言語期の乳幼児の育ちを培っている。その中で、幼い子どもの言動を解釈して代弁して親に日々の成長を語り、この時期の子育ての要領を伝え、子どものかわいさや面白さ、子育ては大変だけれどもやりがいがあるという感覚を親の内面から引き出す役割を果たそうとしている[10]。

子育ての困難さは、親の孤立と観察学習機会の喪失に始まる。同じ環境にある親子が出会い、触れ合い、育ちあう群れやネットワークづくりの場が必要である。身近な地域に利用しやすい群れ学習の場をつくり、非専門家を含む先輩の支援者との連携によって、親の生物としての感受性を誘発する成長開発的学習の機会を増やしていきたい。家庭や近隣ではもはや不可能な保育体験の機会を幼稚園や保育所などの保育施設の開放によって確保し、次世代が心身で生命にふれて感じあう経験をし、生命への接し方、関わり方などを身体技法として会得するための制度づくりが求められている。

第3節　親キャリアをアップするための学び

多くの親は、さまざまなメディアを通して、親になるための知識や科学的理論を少なからず学んでいる。家庭環境や親の養育力が子どものさまざまな発達や成長に影響するという保育学や心理学、脳科学の子育て理論の科学的根拠は、早期教育や親子のコミュニケーション改善による親教育に応用されてきた。

しかし、科学的理論を拠り所として模範的な親役割を果たそうと努めても、親にも約30年にわたる人生から生まれた個性があり、理論的根拠に基づいた望ましい親役割を忠実に実行できる親は少ないだろう。たとえ実行できたとしても、子どもにも個性があり、どの子にも同じ効果が望めるわけではないことを親たちは経験的に知っている。

親の本来の役割は、理想的な親になろうと子どもの言動そのものを修正しようと努力することではなく、人間関係やサポート体制、具体的関わりなど周囲の環境を調整することによって、子ども自身が成長しようとする姿勢を待つ役割である。

こうした意味からも、子育て科学に学ぶだけでなく、親子の育ちや他の親子の体験的成果に学び、整えて待つ親本来の役割を足元から学んでいくことが重要である。

（1） 子育て科学に学ぶ
わが子の個性に気づく ― 行動遺伝学に学ぶ

　最近の行動遺伝学による双子研究のデータをまとめたメタ分析によると、遺伝率は身体的特徴で88％、学業成績50％以上、性格30〜50％、才能では音楽・数学・スポーツ・執筆は80％以上、精神的疾患や発達障害は80％以上、問題行動でも60％といわれる。さまざまな分野で概ね50％以上の遺伝の影響があり、言葉（外国語）の能力を除いて、家庭や親の教育やしつけなどの共有環境（家庭などの育ちを類似させる効果をもつ環境）の影響は、非共有環境（家庭以外の交友関係などの育ちを類似させない効果をもつ環境）の影響よりも低いという。

　ヒトは白紙ではなく潜在的な発達傾向をもって生まれ、それが教育と経験（環境）によって炙り出されて形づくられていく存在であり、子ども期は教育と経験を重ねることによって、身体的にも認知的にも本来の遺伝的自己になろうとする時期であるという。

　「個人の形質のほとんどは遺伝と非共有環境（家庭や親以外の学校や友達など）から成り、共有環境（家庭や親など）の影響はほとんどない」という行動遺伝学の知見は、「親の子育て努力は無意味なのか？」という問を喚起する。

　しかし行動遺伝学は、子ども期はその後の時期に比べて、相対的には家庭や生育環境の影響が大きい時期だともいう（児童期から成人期初期の遺伝の影響は40％から60％に上昇、反比例して環境の影響は減少する）。この傾向は認知能力も同様であり、生まれたばかりのころは親や家庭環境の影響が大きいが、年齢とともに遺伝の影響が大きくなる傾向があり、したがって、乳幼児期の保育・教育効果は他の時期よりも大きいといえるという[11]。

　たとえ50％以上が遺伝によって支配されているとしても、親たちが共有環境である家庭環境や親の教育やしつけの効果を信じることに変わりはないと思う。しかし同時に、科学的根拠に従って子育てしても、きょうだいで同じ効果が現れるわけではないことも分かっている。たとえ親の思惑どおりに子どもが育たなかったとしても、「親の私が間違っていたのではない、遺伝子のせいだ」と思えることは、多少なりとも子育てストレスの軽減につながるかもしれない

けれども。

　親子関係は親子の相互作用から生まれるが、親の育て方や養育態度は子どもの育ちや発達傾向に起因する要因と、親自身の育ちや親を取り巻く環境に起因する要因との掛け合わせから生じることに親たちは気付いている。どんな気質や遺伝的傾向、潜在的な発達傾向をもつ子の親になるかで親子関係は大きく異なってくる。したがって、親のこだわりを押し付ける前に、客観的に子どもの個性を知り、その発達傾向に沿った関わりを調整できる親に育っていくことは大切な学びである。そのためには、多くの子どもの中で相対的にわが子を見て、その個性を知る機会に出会う人間環境をもっていることが大切になる。

親子の関係性に気づく ― 気質理論に学ぶ

　心理学では、遺伝と環境要因が絡む個人差を個性とし、個体が環境と相互作用するときの典型的な行動様式（人間の環境への反応のしかた）を気質と定義する。気質とは「生得的な基盤があり、生後間もなく現れて一定の持続性・安定性があり、養育環境に影響すると同時に養育環境からも影響される環境への適応の仕方」であるとされる。

　アメリカの研究で明らかにされた9つの気質を簡単にまとめると、刺激に対する身体の反応性（身体反応の規則性・活発さ・刺激への敏感さ・反応の強さ）、気分・気持ちの質（気持ちの安定度・気の散りやすさ・注意の持続性）、環境への慣れやすさ（新奇刺激への反応性・環境への慣れやすさ）などである。

　外部からの刺激に対する身体的・気分的な反応が規則的で、新しい友達や園生活、新奇な出来事への反応が安定しており、その言動から内面の状況を理解しやすい約40％の子どもは「扱いやすい子」、心身の反応が安定するのに時間や手助けがかかるが、しだいに安定した状態になる約15％の子どもは「エンジンがかかりにくい子」、時間や手助けがあっても心身の反応が不安定なままの約10％の子どもは「扱いにくい子」に分類され、この分類に入らない残りの35％は「平均的な子ども」とされた[12]。

　集団の同じ場面でたくさんの子どもを見比べてみると、その子の気質を判

別しやすい。とくに、新奇刺激への反応性としての人見知り、場所見知り、新奇なモノや出来事への反応の違いは、人間関係や集団への適応のしかたにつながることが多い。初めは泣いているがなだめるとすぐに気分が安定して慣れる子、時間はかかるがしだいに落ち着いてくる子、なかなか慣れずに泣いて自己表現することが多い子など、新しい環境への適応の仕方には個人差が大きい。

　子どもに気質があるように、親も潜在的な気質をもっている。両親と子どもの気質には弱い関連がみられることが多いが、親子の気質の交差によって親子関係や母子分離、アタッチメント形成も自ずと異なってくる。

世代間伝達から生まれる親の個性

　子どもの個性と同様、親の個性もさまざまである。親の個性は親の生育歴や結婚生活の中から生まれており、子どもの個性や問題に応じた親の気づきやこだわりの内容などを吟味することが一つの手がかりになる。

　親の育ちを考えるときには、自分が育った養育家族の家族関係や家庭文化、自分の親のしつけの雰囲気やこだわり、養育態度や養護性（子どもの心への共感性と具体的な子育て行動）に注目する。とくに、極端な過保護や過干渉、極端な厳格さや強い拒否、体罰傾向などの不適切な養育態度を示す親は、親自身の育ちに起因する場合が多い。

　さらに結婚すると、夫婦の親、祖父母の三世代の育ち方が影響する。最近はできちゃった婚も多いが、夫婦関係は親子関係に先行することが望ましい。夫婦の育ちや価値観、養護性を相互に調整した後に、親子関係ができることが安定した子育てにつながる。自分にないものに魅力を感じる結婚相手選びは、多様な遺伝子をもつ次世代を作り、価値観やしつけの相違を複雑にするが、同時に夫婦が相互補完することによって親子の発達の視野を広げる機会にもなる。親が二人いることが子どもの養育を安定させ、子育てに広がりをもたせるためには、親の成長による夫婦関係の安定が欠かせない。多くの子育て相談の根っこは夫婦関係に起因することを忘れたくない。

　親は子育てしながら、自分の過去を無意識に振り返る存在でもある。自分の育ちに満足している親はその姿をわが子に重ねるが、無意識に目前のわが子

に昔の自分を投影し、幻の子ども像に心悩ませる親もいる。親子の個性に気づき、親子の出会いを客観的に受け止めて、親子関係の調整力を身につける力を養うことは、親のキャリアアップにとって重要な視点である。

親の子育ては次世代の子育てにつながっていく。親には前世代から引き継いだ育ちの歴史や特定の文化や価値観へのこだわり、刷り込まれた養育態度があり、それらは子育てを通して無意識に伝達され、次世代の育ちを左右することもある。世代間伝達といわれるように、よくも悪くも子育ては一世代では終わらない。次世代に負の伝達をしない親になるための学びが求められる。

子育ては生涯学習の原点、専門家による子育ての科学ばかりに頼るのではなく、育てる者同士がしっかりと子どもから学び、育てる者同士がつながって学びを深め合い、その学びをわが子や次世代の子育てに活かしていく生涯にわたる学習過程が重要である。納得した自分の人生を生きることができる子育てを次世代にプレゼントする親になるために、子育ては親としてのキャリアを磨いていく生涯にわたる学習であり、次世代につながる重要な体験的情報伝達の一つでもある。

●第6章のまとめ

支援者は子育て支援事業に子どもの健全育成と親の養育力向上を期待しているが、親は経済的・時間的・精神的余裕を求めて子ども預け願望が高く、待機児問題となって現れている。親と支援者間のギャップは大きいが、両者の共通認識は、親の養育力の未熟さと子どもの育ちへの不安であり、なかでも若い母親ほど自分の養育力と子どもの育ちに不安を抱いていた。

仕事と子育ての両立が当然になりつつある今、ヒトから人へと成長する初めの3年間の育ちの特殊性に配慮して次世代の健全育成をめざすためにも、親キャリをアップするための学びを支援する制度が必要な時期に来ている。

参考文献
1) あしたの日本を創る協会 2005「少子化に対応する地域活動調査報告書」
2) 中野由美子 2013「『子育て中の親と応援者への調査』つるみ子育て個育てフォーラム報告書」子育て個育てフォーラム運営委員会

3) 池本美香 2003『失われる子育ての時間』勁草書房
4) 諏訪きぬ監修 2012『保育における感情労働』北大路書房
5) NHKスペシャルシアル取材班 2016『ママたちが非常事態!? ― 最新科学で読み解くニッポンの子育て』ポプラ社
6) 中野由美子編著 2009『子どもと教育』一藝社
7) 日本小児保健協会 2011「幼児健康度に関する縦断的比較研究」
8) 浜屋裕子・中原淳育 2017『育児は仕事の役に立つ』光文社新書875
9) 角田春高 2014「育て直し ― 問われる乳幼児体験」エイデル社
10) 中野由美子編著 2018『家庭支援論』一藝社
11) 安藤寿康 2012『遺伝子の不都合な真実 ― すべての能力は遺伝である』ちくま新書 安藤寿康 2016『日本人の9割が知らない遺伝の真実』SB新書
12) 三宅和夫 1990『子どもの個性 ― 生後2年間を中心に』東京大学出版会

第7章
親キャリアをアップする支援

　第7章では、親を子育ての主体として巻き込んで育てる子育て先進国での支援に注目し、保護者と保育者や支援者が協働で親子をセットにした子育て支援システムを作り、保育の場を媒介にした親の養育力と主体性を育てる支援の可能性を検討した。

　家庭支援の実践には、親子の生涯発達の観点から次世代育成を視野に入れ、個別の支援だけではなく、予防教育としての心理教育プログラム、参加者相互の体験的学びの場としてのグループワーク、育てる者のエンパワメントの3つの視点が重要になる。親を巻き込んだ家庭支援によって子育てを生涯学習の原点として位置付け、保育実践と保育研究の成果の蓄積を有効に活用する方法を模索した。

第1節　親を主人公にした支援づくり

(1)　子育て先進国の支援に学ぶ

　子育て先進国の支援体制は、親を支援の受益者としてだけでなく、親子や家庭を巻き込んだ支援に向きつつあるところに意味がある。親子参加を前提にしたさまざまな支援制度やプログラムが整備され、支援担当者が養成されている。

　ニュージーランドの共同保育施設である「プレイセンター」は、1940年代に保護者によって作られ、保護者が保育者ともに運営する自主的で相互扶助的子育て支援活動を行っている。そこでは、親も保育に参加しながら、センター運営のための研修を通して学ぶシステムになっている[1]。

カナダでは、親子の活動を支援するための社会資源をそろえた「リソースセンター」が身近な所にある。子育て家庭の孤立を防ぎ親の養育力を高めるために、子どもを遊ばせながら交流と情報交換を行い、親の子育て能力を高めるための相談の場や講習会が設けられている。1980年代から、親教育のための「ノーバディーズ・パーフェクト・プログラム」を実施し、「ドア・ノッキング」という個人宅を訪問するアウトリーチ活動も行われている[2]。

フィンランドでは、どの自治体にも「ネウボラ（ネウボ（neuvo）＝アドバイス＋ラ（la）＝場所）」という子育て支援施設がある。ネウボラには子育て支援のための特別な教育を受けた担当の保健師や助産師がおり、1940年代から、妊娠から出産、子どもが6歳まで切れ目なく、すべての家庭にサポートを提供する総合的支援サービスを行っている。家庭への支援とともに、問題行動や虐待などの早期発見・予防・早期支援を可能にしている[3]。

アメリカでも2000年以降、子育て支援における親教育（Parenting Education）の必要性が再認識され、コミュニティカレッジや親参加型幼稚園などで実施されている。親子同時参加活動と親同士のディスカッションを組み合わせ、親が子どもの育ちを直接観察する機会を通して、子どもの心身の発達と親の養育力向上を同時に図る試みをしている。親参加型プログラムの特徴は、親子の相互関係を高める活動の実施、親同士のネットワークの形成支援、子育て専門家による親子への指導と援助などにあるといわれる[4]。

各国で実施されている親参加型プログラムの理念には、親が孤立し子育てに迷う状況の中で、親同士が助け合っての相互に学び合い、保育者・支援者とともに育ち合っていく経験をする中で、被支援者として出発した親たちが、次世代への支援者へと育っていく方向性が見いだされる。そこでは、専門家による親子への指導と援助から親子の相互関係を高める活動や親同士のネットワーク形成へと、親学習の方向性が変化している[5]。

子どもの最善の利益は、親の養育力の向上なくして実現されない。これからの子育て支援は、親の子育ての肩代わりをすることだけではなく、地域や異世代、支援者との交流を通して、親を子育ての学習者として位置づけ、親の自主性を尊重しながら親と共に考え、親が自ら育っていく支援である。そのために

第7章　親キャリアをアップする支援　127

は、専門家からの個別支援とともに、子育て当事者の親同士や先輩親との交流による子育て体験学習の機会が欠かせない。

(2) 体験的学びによる養育力向上支援の必要性

　家庭や親だけでは解決困難な問題が生じた場合には、保健センターや療育センター、病院や児童相談所などの専門家による専門的、治療的な支援を個別に受けることができる。施設保育を要する家庭には、保育所やこども園、地域型保育事業などの保育施設、幼稚園での延長保育、保護者への相談支援の充実が図られている（図表7-1）。

　子育て支援制度の充実によって両立家庭への支援は拡大したが、約70％を占める0歳〜2歳児の家庭への支援への取り組みはこれからの課題であろう。最もアクセスしやすい地域子育て支援拠点やひろば、地域の子育てサークル活動や一時保育などは今なお未整備であり、家庭保育への支援内容の充実がこれからの課題の一つである。3歳未満児の家庭への支援内容としては、親子の居

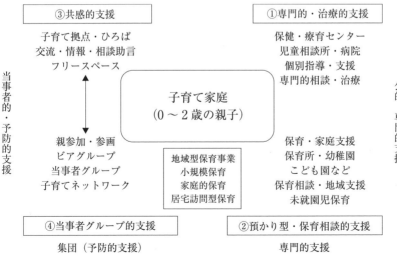

図表7-1　多様な子育て支援の広がり

場所づくりから始まり、子どもの年齢に応じた発達支援、親準備性を補う両親の養育力向上のための体験学習支援、親子の関係性を学ぶ支援などが求められる。その際には、少子化時代の子どもの健全育成と親子のボタンの掛け違えを予防する「親子同時支援」の場を用意することが大きな成果につながる[6]。

子育て当事者性を尊重した支援づくり

　前述したように、家庭保育の親たちが希望する支援内容は、保育施設や経済的援助とともに、子どもの一時預りの場、地域の子育て拠点やひろば、子育てサークルなどの親子で過ごせる場、交流や相談の場などであった。

　親のニーズが最も高い事業は、一時保育である。横浜市の母親調査によると、「緊急時に周囲からの支援がある」は68％、その半数は祖父母などの親族であり、友人・知人・近隣からの援助は15％以下であり、「いずれもない」母親が16％あった。一時保育は、2015年の新制度では「地域子ども子育て支援事業」として再編され、保育所などの保育施設ばかりでなく、地域子育て支援拠点や駅周辺などの利便性の高い場所などで実施されているが、供給が需要に追い付いていない。その担い手は、保育士資格者のみならず、地域保育コースで研修を受けた子育て支援員と呼ばれる地域の住人である。

　自らのニーズに合わせて必要に応じて作った子育てサークル活動では、親はもはや被支援者ではなく参画する主体者になる。公的な子育て支援制度が充実するにつれて、当事者主体の子育てサークル活動はむしろ衰退しつつあるといわれる。こうしたグループづくりの継続には、一方的な教授ではなく当事者による体験学習形式が望ましく、子育ての先輩あるいはメンターとしての非専門的支援者が親子に寄り添い、親子をセットにしてその発達を支える同時支援が不可欠になる。

　身近な体験を素材にして気軽に話し合える子育て当事者同士による体験的学びの場は、先輩親たち、ボランティアなどの非専門的支援者に加えて、当事者の学習活動の組織づくりやプログラム作りを援助する専門機関や保育施設などの専門家とのつながりも重視したい。

子育て支援拠点事業・ひろばによる親子支援

　地域の子育て拠点やひろばは、親子で過ごせる交流と相談の場であり、新米の親たちが親子同時に参加できる地域デビューの場である。ボランティアなどの非専門的支援者や子育て仲間、先輩親たちとの緩いつながりの中で、当事者同士が気軽に交流しながら互いに学びあい、予防的支援につながる場でもある。

　2015年からの子ども・子育て支援新制度によって、「利用者支援専門員」が新設され、地域との交流や連携が重視され、地域や行政の子育て支援施設との連絡調整や社会的資源の開発や利用支援が追加された。

　地域子育て支援拠点の今後望まれる役割としては、親のエンパワメントの向上に向けての学習支援がある。家庭保育や育休中の若い親子連れが中心であり、子どもの発達を目前で学べる場、親同士が体験学習するのに最適な親子同時参加の場である。利用者支援専門員には社会的資源の連絡調整とともに、親子の育ちを支援する専門員としての活動が期待される（図表7-2）。

図表7-2　新制度を親子の発達支援につなぐ

①地域子育て拠点・ひろば事業
- 0～2歳親子同時参加・体験的学びの場
- 子育て拠点に必要な将来の事業内容
  - ①地域・世代交流型支援
  - ②親のエンパワメント（養育力向上）
  - 「親と共に考える支援」（親の学習支援）
  - ③利用者の自主性を尊重した事業

↓

2015年～利用者支援専門員の新設
- ①交流　②相談　③情報提供　④講座
- ＋⑤利用者支援（相談・情報の収集と提供・助言と利用支援・記録）
- ＋⑥地域支援（連絡調整と広報・地域資源の開発と連携）

②当事者型地域子育てグループ活動
- ・当事者性の尊重
- ・親の主体性・自己決定・自主運営
- ・親子の体験学習と相互支援の場
- ・子育て拠点・ひろばとの協働

③公的・個別的・専門的支援

●保健センター・児童相談所など
1. 専門的個別支援の充実
2. 集団健診・母子保健
3. アウトリーチ・訪問事業

●保育所・幼稚園など
1. 預かり型保育の拡大・両立支援
2. 保育者の専門性による個別保育相談支援
   （発達支援＋関係性支援＋生活援助支援
   ＋環境構成支援＋遊び展開技術支援）
3. ソーシャルワーク技術
   →専門機関と地域資源との連携支援

保育・教育施設と専門機関による家庭支援

　保育所・幼稚園・こども園などの保育施設は、入園児のみならず地域の子育て支援センターとして位置づけられている。とくに保育所は、乳児のための施設や園庭、遊具を備え、未就園児保育や一時保育なども実施している。保育の専門家が常駐し、専門的知識と技術をもって保育相談や情報提供に対応することによって、親の養育力向上に努めている。

　親子の心身の健康や子どもの発達支援などは、保健センターや療育センター、児童相談所などでの個別的、専門的支援が中心になる。相談内容や主訴が明確な場合には来所相談になるが、援助が必要であるにもかかわらず支援拠点に出向かない、相談意欲がない場合などには、専門機関が見守りつつ訪問援助をする場合もある。

（3）親の子育て協働者としての支援者づくり

　子育ての第一義的責任は家族や家庭にあるが、家族の病気や失業による経済的変化、離婚や再婚による家庭生活の変化、家族関係の葛藤や子どもの問題行動などによって子育ては激変する。家庭の生活改善は、当事者だけでの解決は難しいことも多い。

　日々子どもの最善の利益をめざす保育者・支援者は、日々の保育、保育相談や交流を通して保護者の養育力向上を図る支援者でもあり、地域の社会的資源や専門機関との連携を通して広い視野から家庭を支援する人でもある。

　保育体験不足の親のエンパワメントは、保育を通しての保育者・支援者との協働に支えられて発達する。これからの支援者は、保育に加えて、保護者対応の知識と技能の学習、地域や福祉制度との連携を含めた幅広い家庭支援のあり方や支援体制、支援方法についての学習が求められる。

　従来の専門的な子育て支援者は、保育・教育的支援（保育士・幼稚園教諭）、相談的支援（臨床心理士・臨床発達心理士）、医療・診断的支援（医者・看護師・保健師）、福祉的支援（社会福祉士）などに分散している。子ども・子育て新制度では、教育・保育・保健その他の子育て支援制度の円滑利用のために「利用者支援事業」を導入した。身近に子育て包括支援センターを作り、「利用

者支援専門員」を配置し、関連機関と連携させた総合的相談支援、ワンストップ拠点作りをめざして1事業所に1名以上を配置する予定である。

「利用者支援専門員」には3種類がある。①「基本型」(子育て家庭と地域資源をつなぎ、利用者と地域との連携を図る中心的役割を担う)、②「特定型」(公的サービスの紹介や情報提供、民間の子育てサークル活動の援助、地域の社会資源へのアクセス支援やその開発などを行政窓口などで行う)、③「母子保健型」(保健を中心に、保健師等の専門職が要保護家庭支援などを行う)[7]。

図表7-3 子育て支援員研修(基本・専門)の内容・科目・時間数

基本研修	専門研修		科目／時間	研修内容
8科目8時間 ・家庭現状 ・児童福祉 ・児童発達 ・保育原理 ・援助倫理 ・児童虐待 ・障碍児 ・総合演習	①地域子育て支援コース	利用者支援基本型	17/32	相談支援・ソーシャルワーク支援(地域資源の理解・利用者支援の倫理・記録・アセスメント・社会資源調整・地域資源の見学)
		利用者支援特定型	13/13.5	保育に特化した支援・保育資源把握(利用者支援の倫理・保育資源の把握・記録)
		地域子育て支援拠点型	14/14	当事者目線の利用者支援(利用者理解・拠点活動の理解・講座の企画・事例検討・地域資源の開発連携と促進)
	②地域保育コース	共通	12/15.5	生活と遊び・発達と心理・食事と栄養・小児保健・地域保育環境整備・安全管理・保育者倫理・特別配慮児・保育制度理解
		地域型保育	26/30	地域型保育内容と運営・保護者対応・見学と実習・実習2日
		一時預かり	26/30	一時預かりの内容と運営・保護者対応・見学と実習・実習2日
		ファミリーサポート	24/30	ファミリーサポートセンターの援助内容・保護者対応援助活動の実際
	③放課後児童 ④社会的養護		14/17	省略

地域支援の担い手づくりは、2015年度に開始された「子育て支援員研修制度」に位置付けられ、「利用者支援専門員」は地域子育て支援コースの研修修了者でコーディネーター的役割を果たし、地域保育コースを修了した保育補助者である「子育て支援員」をサポートする体制になっている（図表7-3）。

　いずれも地域の親子支援が目標であるが、基本型が3歳未満児の親子の利用率が高い子育て支援拠点やひろば、育児サークルを支援する役割を担う。家庭と地域資源をつなぐ予防的支援をめざし、①相談　②情報収集及び提供　③助言・利用支援を行う。しかし、従来からの個別家庭や親子への個別相談支援が中心であり、親子同時参加の場での集団的な交流や学びの場として活用する視点はなお未整備である。

　利用率の高い子育て支援拠点やひろば、子育てサークル活動への利用者支援のあり方が今後の課題となる。とくに親子同時参加の支援施設では、ニーズに合わせた参加親子の活動や親教育プログラムの実施が重要になろう。そのためには、子育て支援や親教育、保育と保護者支援の知識と技術を兼ね備えた質の高いスタッフの養成が必要になる。利用者支援員養成講座の内容を見ると、「講座の企画」が研修内容に含まれているものの、子育て拠点や子育てサークル活動などの親子同時参加場面を親子の交流、学びの場として活用し、親子を育てる予防的支援の視点はこれからの課題である。

　親子参加、親子交流の場での親子同時支援者には、親子関係を広い視野からみる観察眼と子育て技法を身体で親に伝える身体技能を持ち、親たちが相互に学びながら育児力を身につけられる働きかけをすることによって、親子の成長を促していくファシリテーター（促進者）としての資質の育成が必要になる。当事者のニーズに沿った子育てプログラムの作成、生涯発達の基礎である乳幼児期の親子をセットにして捉える観察眼、教授的でない親の成熟を支えるコミュニケーション力、集団効果を高めるグループ運営力、人をつなぐ連携力の養成が問われる。参加した親たちが、親子の仲間づくりや育児サークルの支援者に育っていくようなモデルとなる支援者の養成が求められる。

第2節　子育て支援理論に学ぶ

　各国で実施されている親参加型支援の理念や制度を参考に、そこに流れている思想や支援理論から、日本の子育て支援に活かす道筋を探りたい。内外のさまざまな子育て支援の実践に関する理論や知見では、大きく分けて、「予防としての心理教育」、「ソーシャルサポート理論」（グループワーク理論、社会的学習理論、）「エンパワメント理論」の3つの観点が重視されている。そこには、生涯発達を見通した有用な親子が育つプログラムがあり、支援者や当事者仲間との関係性を築く体験学習の取り組みがあり、その時々の生きる力の基礎となる自己学習力が育つ支援の形が求められている。それらは相互に関連しながら、子育て支援の学びにより大きな貢献をしている。

（1）予防教育としての心理教育の活用

　心理教育は「参加者自身に共通するテーマについて、参加者に必要とされる知識や情報を提供し、個別の関心や問題に対して対応法を伝授すること、それらの体験を通して参加者が自己信頼感を回復し、日常生活を回復させること」を目的に行われる[8]。

　心理教育は、学校心理学や家族療法への応用から出発したといわれ、家族の発達や変化に伴う時期や問題を家族危機と理解し、その対処法を事前に学んで心の危機管理能力を促進して危機発生を予防することを目的としている。人生の危機的時期にあることが予想される人々（risk-population）を対象に、子ども・親・教師・地域の将来を見据えたライフサイクル的な観点から、共に育つ家庭環境や人間関係のあり方を予防的に支援する観点が重要視されている。

　多様な定義や内容をもつ「心理教育」には3つの共通点があるとされる。

① 心理教育の最終目的は、子育て当時者自身の自己信頼感の回復、参加者のエンパワメント（empowerment）にあり、当事者がエンパワメントを促進することによって予測される危機を事前に予防することである。

② 具体的には、教育的内容や手法（望ましい知識・スキル・行動変容の方

法）を伝達することである。その代表例が、子どもの発達に応じた親子関係の改善を図るために、親がコミュニケーションの知識やスキルを促進するための「心理教育プログラム」（代表例：EPP（Psycho Educational Programs for Parenting）、PET（Parent Effectiveness Training）の活用である。
③ 心理教育は、当事者の個人的な心理的側面（感情・現在の行動）と個人を取り巻く関係のあり方（環境）を考慮して行われ、その過程は当事者とファシリテーター（促進者）とよばれる支援者との協働作業によって実施される。促進者自身は当事者と体験を共にする人であると同時に、当事者を客観的にとらえる観察者でもあり、相手の状況に合わせてプログラムを調整し、参加者の合理的な認知や行動変容を促し、効力感を促進する役割をもつ人である。

（2）集団参加・集団学習（グループワーク）の効果

重篤な問題でない場合には、一対一の個別支援よりも、グループワークによる集団学習効果が有効である。個人への介入というより、個人と個人を取り巻く環境の「関係性」を調整することによる問題解決型支援である。子どもは勿論、子どもと共に育つ環境としての親・教師・地域組織の調整にも応用でき、地域の子育てグループ活動や子育てネットワークなどの子育て支援には欠かせない理論である。

その代表例は「自助グループ（self-help-grope）」である。同じ病気や災害などの不幸な出来事を経験した人々が立ち直りを求めて参加する「自助グループ」は、体験者同士がグループ活動を通して相互関係と連帯感を深め、経験や思いの共有、感情や語りへ共感、批判されない横の関係性を得ることで社会的孤立を防ぐ役割をする。同時に自分の感情の解放や個人的な悩みの開示が促され、情緒的サポートの源となる。日常的な相互活動の中で、課題解決につながる社会的資源や情報へのアクセス、対処行動（コーピング）を身につけることを助ける効果もある。

当事者同士の相互支援が循環することによって自己信頼感が高まり、それが

他者への支援につながっていき、結果的に参加者すべてのエンパワメントが促される効果がある。しかし、その集団活動の組織化は当事者だけでは困難であり、促進者（ファシリテーター）と呼ばれる支援者や経験を乗り越えた先輩参加者の存在によって方向づけられる。

カッツ（1993）は、集団学習効果を以下の6つにまとめている[9]。

① ロール・モデリング（Role Modeling）
　　自己変容のための役割モデルの存在「あの人を見習ってやってみよう」
② 社会的比較（Social Comparison）
　　他者と比較することで、今と将来の変容過程を見通すことができる
　　「私は今この段階にいるけど、将来はこうなっているはず」
③ 象徴的モデル（Symbolic Model）
　　メンバーの体験と励ましによる前向きな姿勢の提示
　　「私ができたように、あなただってきっとできるはず」
④ 自己効力感（Self-Efficacy）の促進
　　経験を通して得られる自尊心や自信「私にもきっとできる」
⑤ 集団効力感（Collective Efficacy）
　　課題解決力をメンバーで分かち合う「みんなでやればできる」
⑥ ソーシャルサポート（Social Support）
　　相互扶助と援助の循環「援助されたから援助してあげたい」

（3）エンパワメント理論に基づく家庭支援

「エンパワメント（Em-powerment）」概念は、Em（自分の内なる）＋Power（動機づける力）の合成語で、「直面する課題解決力を失った状態にある人が、外からの適切な援助を得て自分の内なる力に気づき、問題解決力を回復すること」と要約され、人間の成長過程で常に起きる生得的な力であると定義される。生得的な力である自己の内発的動機づけは、以下の一連のプロセスを経るといわれる[10]。

① 解決する問題の意識化（今、何が問題なのか・問題解決の方法は？）
② 状況に対する自己の気づき（自分はどうしたいか・どうなりたいか・ど

うなれるのか）
③ 問題解決のための社会資源の選択やアクセス（問題を解決するためにはどんな支援や制度が必要か・それは実際に利用可能か）
④ 自己決定力（自分で問題解決に取り組めるか、取り組めているか、援助が必要か）
⑤ 自己効力感（自己解決への自信があるか、自分で解決できそうか）
⑥ エンパワメントの達成（問題は解決できたか）

子育て支援の主目的は、「子育てを通して親自身がエンパワメントすることであり、そのために親を繋いで親の主体性を育て、親が自分の子育てに自信を得て取り組めるようにすることである」とされる。こうした観点から、従来の行政中心の公的子育て支援の問題点として、以下の4つがあるとされる。

①親を支援の受け手にしていないか。親の主体性を育てる支援になっているか？　②子育て支援者の性格や役割がトップダウンの教授型・診断説教型の支援形態になっていないか？　③日常生活の中で親が必要とするニーズを満たす体験学習支援につながっているか？　④子育てを母親責任、母親だけを対象にしたジェンダー的支援ではないか？

さらに、エンパワメントを促進する子育て支援者の姿勢として以下の5点が指摘されている。①当事者の日常を受容し、多様な価値観を尊重することによる信頼感・安心感を育てる支援になっているか？　②一方的な解決策の提示でなく、多様な視野からの働きかけによる親自身の気づきや自己決定を促す支援になっているか？　③親の内発的なニーズ・動機を受け止め引き出して育て、背中を押す支援になっているか　④問題解決力への転換を促す社会的資源の選択と提示ができる支援であるか　⑤親が活動の意味づけを知り、内面の回復・向上につながる支援になっているか[11]。

第3節 親キャリアをアップする支援

予防的支援と次世代育成支援

　日本の子育て支援は、多様な保育サービス拡大を柱に、少子化対策として進んできた。しかし、保育サービスの拡充による親の育児負担軽減だけが子育て支援なのではない。子どもの最善の利益の実現は、親の養育力の向上なくして達成されない。子どもの健全な発達や親子関係の形成過程、次世代の養育力育成などの生涯発達の観点から見るとき、保育支援の拡大だけでは解決されない問題が残ることが十分に予想される。

　40年にわたる親子教室実践の知見から見ると、子育て支援の本来の目的は保育支援だけではなく、"親が養育力を育て、親子がともに育つ環境整備の支援"である。これからの子育て支援施策に補充されるべきは、育児手当や保育支援、待機児対策などの物理的支援はもちろんであるが、親準備体験が困難な環境で育つ親と、共に育つ環境を奪われつつある幼い子どもに親子同時支援の場を用意し、親の養育力を高め、子どもの健全な育ちと親子関係の安定へとつながる予防的支援、次世代育成に役立つ支援体制づくりである[12]。

　現代の親に最も必要な支援は、親準備性が乏しい環境で獲得しそこねた養育力を補充し、適切に対応できる能力を身につける機会を作ることである。親が子どもの年齢にふさわしい子育ての知識や技術を身につけ、その役割に自信をもって取り組み、親子のコミュニケーションを楽しめる親に育つ機会を提供すること、親の養育力向上のための支援こそが、将来の親子関係の土台となる乳幼児期の親子への欠かせない支援ではないだろうか。

保育の社会化と家庭支援

　子育て支援の拡大は、保育・教育施設の社会的役割を変え、保育者による家庭支援、親支援役割は増大してきた。平成13年からは、保育士は「保育」と「保護者への保育指導」を行う専門職として位置づけられ、平成14年からの必修科目「家族援助論」は平成23年からは「家庭支援論」に名称変更され、

保育者は家庭という子育ての環境づくりを保護者と連携して行うことが義務づけられた。

　平成30年（2018年）4月から実施されている新保育指針と教育・保育要領の改訂では、保護者と連携した子どもの育ちの支援と子どもが育つ環境への総合的支援の視点がより強調されている。家庭支援者としての保育者には、子どもの育ち、子育て家庭と保護者への理解を深め、実践的支援に必要な保育相談や対人援助技術の習得、社会的資源や関連機関との連携支援のしかたなどのソーシャルワークの知識や技能を身につける学習が求められている。

　保育者や子育て支援者にできる支援方法は、保育を通して家庭を取り巻く環境調整に取り組みながら保護者の個人的成長を促すこと、それによって問題解決に迫る方法が中心となる。そのためには、家庭や親のニーズの理解、当事者の困難さと当事者を取り巻く環境（生活）を含む多様な側面を理解すること、つまり個人と周囲の環境との相互作用の情報に注目して対応する必要がある。保護者や子どもの言動そのものを修正しようとするよりも、人間関係やサポート体制の整備や具体的介入などを通して周囲の環境を調整し、その結果として個人の変化を引き出し、親子の成長につなげていく方法である[13]。

専門家による教育支援── 実践と研究成果からの親子支援

　質の高い幼児期教育は、その後の人生の土台となる非認知能力を身につけるために最も投資価値が高い資源であるという。日本においても、幼児教育の無償化や幼保小連携に関する調査研究をはじめ、長期的実践や研究による科学的成果（エビデンス）に基づいた幼児期教育の質的向上が急がれ、保育者の指導能力に関するOECDの国際比較調査も実施中だという[14]。

　諸外国で実施された幼児期教育への実験的試みは、幼児への教育的介入と保護者参加を並行して支援を行い、非認知能力伸長への家庭や親の教育的効果を確認している。わが国でも、幼児の非認知能力を伸すためには、親の教育効果を確認するための実践や研究が欠かせない。「幼児教育は親教育から」という理念でスタートしたH教育振興財団の活動からも、幼児の保育・発達支援には、並行して行う親教育支援が欠かせないことは明白である。

しかし、保育・教育施設での非認知能力開発への取り組みは、学力獲得のための競争や投資と同様に、親たちの競争と階層間格差を生み、さらに次世代の生活格差につながる結果になることも十分予想されるが、保育現場の保育士や幼稚園教諭による親への適切な教育支援には限界がある。こうした観点から、幼児への指導のみならず、親支援のあり方についての研究が求められる。その際には、保育現場のスタッフだけでなく、大学や保育研究施設などの専門家の連携支援によって、科学的成果を反映した有効な親キャリアアップのためのプログラムづくりと親教育の手法が求められる。

●第7章のまとめ

　これだけ多くの教育施設があっても、親準備体験が乏しい親が、子どもの成長に合わせて親役割や子育て方法を学ぶ場所や機会は意外に少ない。不安なく子育てを乗り切るためには、身近に親子の体験的な学びを共有する場と仲間、親の子育て協働者としての支援者との出会いを途切れなく保障すること、それこそが親の養育力向上に必要な今後の課題であり、次世代の子育てにつながる支援であると思う。

参考文献
1) 佐藤純子　2012『親こそがソーシャルキャピタル ― プレイセンターにおける協働が紡ぎだすもの』大学教育出版
2) J. W. Catano, 1997『Working With Nobody's Perfect』三沢・幾島監訳　2002『親教育プログラムの進め方』『完ぺきな親なんかいない！』ひとなる書房
3) 髙橋睦子　2015『ネウボラ フィンランドの出産・子育て支援』かもがわ出版
4) 中村真弓　2010「ナダ・アメリカにおける Parenting Education の展開」綱学園研究紀要A　藤井美保　2011「カリフォルニア州コミュニティカレッジにおける親教育」熊本大学教育実践研究第28
5) 池本美香編著　2014『親が参画する保育をつくる』勁草書房
6) 小島千恵子　2009「親が子育てを楽しむための子育て支援施設 ― 現行の親子参加型活動からの検討」名古屋柳城短期大学研究紀要第31
7) 柏女霊峰　2015『子ども家庭福祉論第4版』誠信書房
8) 平木典子編著　2007「心理教育というアプローチの発展と動向」家族心理学年報25　家族心理学会編・現代のエスプリ493号　2008「子育てを支える心理教育は何か」至文堂

9) A.H.Katz, 1993『Self-Help in America』久保紘章監訳 1997『セルフヘルプ・グループ』岩崎学術出版社
10) 久木田純・渡辺文夫編 1998「エンパワメントとは何か」現代のエスプリ 376 至文堂
11) 中谷奈津子 2008『子育て支援と母親のエンパワメント』大学教育出版
12) 中野由美子 2015「子育て支援システムにおける社会的支援と家庭教育の位置づけ―家庭教育研究所活動から見た子育て支援の方向性―」家庭教育研究所紀要 37
13) 本郷一夫 2008『発達アセスメント』有斐閣選書
14) OECD・国立教育政策研究所 2018「国際幼児教育・保育従事者調査」
http://www.nier.go.jp/youji_kyouiku_kenkyuu_center/oecd.html

おわりに

親キャリアを磨く環境づくりを

　最近、98歳の母を見送った。最後の2年は筆者にとって貴重な時間となった。心身が萎え、生命が朽ちていく時間を共にする体験は、不安とともに死への覚悟を受け入れさせる穏やかな過程でもあった。対照的に、筆者の保育体験はある日突然やってきた。大学3年の夏休み、テニスの試合で上京して宿泊した姉宅、産後の体調不良でダウンした姉を助けて甥の世話に明け暮れた1か月であった。夜泣きとミルクの授乳に不眠が続いた夜、抱っこや家事・洗濯に追われた昼間、その時は姉を恨んだが、4年後のわが子の子育てにどんなに役立ったことか、感謝したいと思ったものだ。

　質的にはまったく異なる看取りと子育ての2、3年の時間には共通点もある。この時期の関わり方は、非言語的関わりである身体や感覚によるコミュニケーションによって相手の心の読み取りや代弁による応答が求められる。最近広がりつつある認知症高齢者への対応としての「ユマニチュード」は、身体と感覚を使った赤ちゃんへの関わり方そのままであると思う。

　保育者は、日々乳幼児を抱き、見つめあい、あやし、愛着を育て、身体と心と言葉で関わる感覚的・間身体的接触を通して、人生の土台になる前言語期の乳幼児の育ちを培っている。その中で、幼い子どもの言動を解釈して代弁し、親に日々の成長を語ることによってこの時期の子育ての要領を伝え、子どものかわいさや面白さ、子育ては大変だけれども楽しいという感覚を親に実感させるための役割を果たそうとしている。乳幼児の育ちに直面している保育者たちは、親や家庭との連携が不可欠なこと、親を支え、親が育っていく環境づくりは園の役割の一部であることを実感し、日々の保育を通して親に何を感じ、何を伝え、何を学んで欲しいのかを問い始めている。経験豊かな保育者ほど、子どもの様子から親子関係にズレがあると感じたときには、実際に親子への具体的な介入支援を実施している。

子育ての困難さはまず、親の孤立と観察学習機会の喪失に始まる。親キャリアが育つためには、同じ環境にある親子が出会い、触れ合い、育ちあう群れやネットワークづくりの場が必要である。身近な地域に利用しやすい群れ学習の場をつくり、非専門家を含む支援者との連携によって、親の生物としての感受性を誘発する成長開発的学習の促進を可能にしたい。カナダ、ニュージーランド、フランスでは、もはや親は支援対象者としてではなく学習の主体者として、親の群れ学習の機会を地域の生涯教育として位置づけている。

　なかでも重要な取り組みは、親準備性が不足しがちな現代の親やその予備軍に、親として育つ環境を身近に用意することである。家庭や近隣ではもはや不可能な保育体験の機会を幼稚園や保育所などの保育施設の開放によって確保し、心身で生命にふれあい、感じあう経験をさせること、そこで次世代が生命への接し方、関わり方などを身体技法として会得するための制度づくりである。

子育て科学と行動遺伝学

　科学的根拠に従って子育てすれば子どもの発達に効果があり、親としての満足感も得られると信じて子育てに取り組んでいる親も多い。こうした親にとっては、「個人の形質のほとんどは遺伝と非共有環境から成り、共有環境の影響はほとんどない」という行動遺伝学の知見は、子育て観を揺るがすものであろう。

　しかし同時に、親の本来の役割は、子どもの言動そのものを修正しようとするのではなく、子ども自身が変わろうとする環境や関わりを整えて待つ役割であるとする子育て観からすると、やや納得のいくものになる。同じように育てたつもりでもどの子にも同じ効果が現れるわけではないこと、たとえ親の思惑どおりに子どもが育たなかったとしても親のせいではないと思えることは、子育てにとって大切な心構えである。

　少子化が社会問題になる現代は、子育てがますます忌避されると同時に、少ない子どもの育ちの質に対する社会や親からの関心や要請も増えている。幼児期教育の目標が、比較的尺度化され目に見える学力（認知能力）への関心か

ら、意欲や自己効力感、自制心ややり抜く力、思いやりやコミュニケーション力など、目に見えにくい資質や能力（非認知能力）の開発へと移る時代になりつつある。

　2018年（平成30年）からの幼児保育・教育の施設保育の場では、幼児期に育てたい能力として、認知能力の基盤としての非認知能力の開発促進が目標になり、保育者の環境構成力や指導力、応答力に関する国際比較調査が実施される。このような幼児期教育の目標の変化は、これからの親の子育てや親子関係、子どもの育ちにどのような影響を与えることになるのだろうか。

納得いく人生選択ができる育ちをプレゼントできる親に

　大学教員として長年学生に卒業論文を課してきたが、本書を筆者の卒業論文のつもりでまとめた。家庭環境や親子関係などの自分の育ちに悩み続けて心理学を学ぶ学生や、保育所実習がきっかけで実習ショックに陥り、保育者になる選択に戸惑う学生の相談を通して、人生早期の育ち方や親子関係がその後の人生に与える影響は目には見えにくいが、人生の豊かさや精神的安定感、人間関係を左右する大きな要因であることを教えられてきた。

　育てる者の保育体験不足は子育てを辛いものにしがちである。親子関係や親の養育態度は無意識に伝達され、次世代の育ちをも左右する。親の多様化とともに、これからの子どもの育ちもますます複雑で多様な環境に直面する様相だが、子どもや子育てが今以上に忌避されることなく、子どもが納得のいく人生を選択できる育ちを親や大人からプレゼントされる時代であってほしいと願っている。育てる者が子どもの育ちを体験的に学び、親としてのキャリアを磨くことに効力感を得るために、実践と研究活動から得られた知見を活用していただければ幸いである。

　平成30年7月

中野　由美子

■ 著者紹介

中野由美子　（なかの　ゆみこ）

1978 年から親子の発達支援に従事後、両親教育・幼児教育・保育者養成を担当
1994 年〜 2016 年 目白大学心理カウンセリング・子ども学科・生涯福祉研究科教員
1944 年生まれ　京都大学・東京大学教育学研究科博士課程修了

編著

『子どもの発達と父親の役割』ミネルヴァ書房
『21 世紀の親子支援』ブレーン出版
『家庭支援論』『乳児保育』『保育原理』『子どもと教育』一藝社など

主論文

「乳幼児期の早期教育」教育論説資料集 13-5　論説資料保存会編
「保育者が捉えた子育て支援の方向性」共 保育学研究 40-1 日本保育学会
「生育体験の次世代育成力への影響」目白大学総合科学研究 4
「幼児期の発達とその後の変化 4」家庭教育研究所紀要 32
「子育て支援における社会的支援と家庭教育の位置づけ」同紀要 37

子育ては生涯学習の原点
── 親キャリアをアップする支援 ──

2018 年 12 月 10 日　初版第 1 刷発行

- ■ 著　　者 ──── 中野由美子
- ■ 発 行 者 ──── 佐藤　守
- ■ 発 行 所 ──── 株式会社 大学教育出版
　　　　　　　　〒 700-0953　岡山市南区西市 855-4
　　　　　　　　電話（086）244-1268　FAX（086）246-0294
- ■ 印刷製本 ──── モリモト印刷㈱

Ⓒ Yumiko Nakano 2018, Printed in Japan
検印省略　　落丁・乱丁本はお取り替えいたします。
本書のコピー・スキャン・デジタル化等の無断複製は著作権法上での例外を除き禁じられています。
本書を代行業者等の第三者に依頼してスキャンやデジタル化することは、たとえ個人や家庭内での利用でも著作権法違反です。
ISBN978 − 4 − 86429 − 992 − 3